すこしやさしい
コグトレ

できないことができるようになる
認知機能強化トレーニング

[編著] 宮口幸治
児童精神科医・医学博士

[著] 髙村希帆

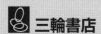
三輪書店

はじめに

　コグトレの一つである認知機能強化トレーニングのテキストは本書で4冊目になります。これまでのテキストとおおよその適用年齢は次の通りです。上から下に向かって、より基礎的なトレーニングになります。

- 『コグトレ みる・きく・想像するための認知機能強化トレーニング』→小学校中学年〜上限なし
- 『すこしやさしいコグトレ できないことができるようになる認知機能強化トレーニング』（本書）→小学生全般
- 『やさしいコグトレ 認知機能強化トレーニング』→年中児〜小学校低学年
- 『もっとやさしいコグトレ 思考力や社会性の基礎を養う認知機能強化トレーニング』→小学校就学前

　"コグトレ"とは、「認知○○トレーニング」の略称で、○○には「ソーシャル（→社会面）」「機能強化（→学習面）」「作業（→身体面）」が入ります。学校や社会で困らないために3方面（社会面、学習面、身体面）から子どもを支援するための包括的プログラムです。本書は3方面のうち、学習面の支援である"認知機能強化トレーニング（Cognitive Enhancement Training：COGET）"に相当します。最初のテキスト『コグトレ みる・きく・想像するための認知機能強化トレーニング』の易〜標準レベルの問題に数多く取り組んでもらい、より強固な認知機能の力を養ってもらうことを目的としています。

　勉強を怠けているわけでも、やる気がないわけでもないのに、テストの点数がどうしてもとれない。そこで、教育相談や発達相談などを通して知能検査などを受けてみると、検査項目に凸凹がみられる、ワーキングメモリが低い、処理するスピードが遅い、視覚情報をうまく整理できていない、などいくつか認知機能の弱さがわかることがあります。そういった説明を受け、保護者は「こういうところが苦手で点数に結び付かなかったのか」といったん納得されます

が、その次に「では、どうすればいいのでしょうか」といった質問がなされることを多々お聞きします。それに対して、「できないことが少しでもできるようになるよう、トレーニングしていきましょう」という立場にあるのがコグトレの基本的な考え方です。テストの点数を上げるためではなく、学習の土台となる認知機能を強化していくねらいがあります。

　お子さんの学力の向上のみならず、円滑な社会生活を送るうえで、本シリーズが少しでもお役に立てることを願っております。

立命館大学　児童精神科医・医学博士
一般社団法人日本 COG-TR 学会代表理事
宮口幸治

目次

→ 本書の構成と
使い方

1. 本書の構成

　本書は、『コグトレ みる・きく・想像するための認知機能強化トレーニング』（三輪書店）の、より基礎的なトレーニングとして作成してあります。前書と同様に「**覚える**」「**数える**」「**写す**」「**見つける**」「**想像する**」の5つのトレーニングからなり、それぞれ、前書より基礎的な課題を集めてあります。なお、課題の難易度は、前書と『やさしいコグトレ 認知機能強化トレーニング』（三輪書店）の間に位置しています。

| もっとやさしいコグトレ | やさしいコグトレ | すこしやさしいコグトレ（本書） | コグトレ |

易 　　　　　　　　　　　　　　　　　難易度　　　　　　　　　　　　　　　　　難

　以下、順に各トレーニングの概要を説明します。

覚える

　集中力、短期記憶（視覚性、聴覚性）の力、文章理解力をトレーニングします。黒板の文字や図形をノートに写す力、先生の話を聞いて理解する力などを養います。以下の10のトレーニングからなります。

視覚性の短期記憶

何があった？

　はじめにさまざまな図形を見て覚え、次に白紙のノート等に記憶した図形を描いてもらいます。難しい図形では、全体像を大まかにとらえたうえで、細部は言語化して記憶するなど、記憶するために工夫する力も養われます。

数字はどこ？

　3〜4つの数字を見て覚え、それぞれがどの場所にあったのか書いてもらいます。一時的に記憶する力に加えて、ワーキングメモリ（何らかの情報処理をしながら記憶する力）を養います。

文字はどこ？

　3〜4つのひらがなを見て覚え、それぞれがどの場所にあったのか書いてもらいます。一時的に記憶する力に加えて、ワーキングメモリを養います。

数字と文字はどこ？

　3〜4つの数字とひらがなを見て覚え、それぞれがどの場所にあったのか書いてもらいます。一時的に記憶する力に加えて、ワーキングメモリを養います。

記号はどこ？

　さまざまな4つの記号を見て覚え、そのうちの1つがどの場所にあったのか書いてもらいます。一時的に記憶する力に加えて、ワーキングメモリを養います。

聴覚性の短期記憶と文章理解

最初とポン

　短い文章を2つもしくは3つ聞き、各文章の最初の言葉を覚えて選択肢から選びます。ただし、ある決められた単語（動物、くだもの、色）が出てきたら手を叩いてもらう、という干渉を入れて難易度を高めています。耳から入る複数の言葉を順番に覚えることで、ワーキングメモリを養います。

正しいのはどっち？

　文章を聞いて、2つの比較をして、問いに合うほうを答えてもらいます。ワーキングメモリに加えて文章理解力を養います。「最初とポン」では読み上げる文章の内容を理解する必要はありませんが、この課題は文章を理解して覚える必要がありますので、人の話を聞いて指示を理解する力が養えます。

何が一番？

　文章を聞いて、3つの中から何が一番かを答えてもらいます。ワーキングメモリに加えて文章理解力を養います。「最初とポン」では読み上げる文章の内容を理解する必要はありませんが、この課題は文章を理解して覚える必要がありますので、人の話を聞いて指示を理解する力が養えます。

何が何番？

　文章を聞いて、３つの数の比較をして、問いに答えてもらいます。ワーキングメモリに加えて文章理解力を養います。「何が一番？」に比べて難易度が増します。人の話を聞いて指示を理解する力が養えます。

どこが何？

　文章を聞いて、３つの位置の比較をして、問いに答えてもらいます。ワーキングメモリに加えて文章理解力を養います。「何が何番？」に比べて難易度が増します。人の話を聞いて指示を理解する力が養えます。

●数える

　数感覚や集中力、短期記憶の力、抑制の力を養います。計算スピードを上げ、学校のテストでの不注意を減らす練習にもなります。また、日常生活においても素早く適切な判断が必要な場面で役に立つトレーニングです。以下の４つのトレーニングからなります。

まとめる

　リンゴを決められた数だけ丸で囲むことで、数感覚を養います。数を効率よく数えたり、繰り上がり・繰り下がり計算の理解にも役立ちます。

あいう算

　１桁＋１桁の足し算をして、その答えと計算式の左横にあるカタカナやひらがなを一緒に記憶し、下段の解答欄に対応するカタカナやひらがなを記入します。短期記憶の力を養います。

さがし算

　枠の中の数字から、足すとある数字になる組み合わせをできるだけ早く探して丸で囲みます。答えを効率よく探すことで、集中力を養い、処理速度を上げる力を養います。

記号さがし

　さまざまな記号やイラストの中から、指定された記号やイラストを見つけ、数えながら✓をつけていきます。さらに、「△の左に☆があるときは✓をつけない」といったルールを加えた問いもあります。注意深く正確に数えることで集中力をつけたり、ある条件下でブレーキをかけたりすることで刺激に対する抑制の力を養います。

● 写す

　形を認識し模写する力、論理性や心的回転の力をトレーニングします。文字を覚える力、うまく書く力を養います。また、位置関係を把握する力も養うので、図形問題のほか、地図を読みながら目的地へ向かうといった作業にも役立ちます。以下の6つのトレーニングからなります。

点つなぎ

　上段の見本を見ながら、下段の絵に直線を追加して上段の見本と同じになるように完成させます。基本的な図形の認識や、ひらがなをうまく書いたり、漢字を覚えるための視覚認知の基礎的な力を養います。

曲線つなぎ

　曲線で描かれた見本の絵を、はじめは破線をヒントに、なぞる、補うことで完成させます。難易度が高くなると、破線のヒントがなくなり、補う箇所も多くなります。ひらがななど、曲線からなる文字や図形を認知し、うまく書ける力を養います。

折り合わせ図形

　真ん中の線に沿って折り返した場合に、上段のマス目にある記号が下段のマス目の同じ位置にくるように記号を写します。上下対称に写すことで、簡単な位置関係を把握する力、正確に写す力を養います。

記号の変換

　上段のマス目にあるイラストを、ルールに従って記号に変換し、下段のマス目の同じ位置に写します。「折り合わせ図形」と同様に、簡単な位置関係を理解しながら模写する課題ですが、ルールが加わるため、より注意力が必要です。

鏡映し

　提示された図形を、鏡に映った場合と水面に映った場合にどう見えるか、頭の中で変換して模写します。簡単な位置関係の理解を促し、想像力を働かせながら模写する力を養います。

くるくる星座

　上段の円の中にある星座を見ながら、下段の円の中にある記号を線でつないで模写します。「点つなぎ」と似ていますが、記号は格子状ではなく、不規則に配置されています。難易度が高くなると、開始位置を示す記号がなくなり、位置関係の理解がより難しくなります。論理的思考や関係性を理解する力を養い

ます。

● 見つける

　視覚情報を整理する力をトレーニングします。文字や図形をうまく認識する力を養います。また、図のパターンを認識する、数字の並びからあるパターンを見つける、人の顔や表情を見分ける等に役立ちます。以下の 6 つのトレーニングからなります。

重なり図形

　複数の形が重なり合って提示されている図形を見て、選択肢の中から図形に使われていないものを探します。論理的に形を見つける力を養います。

黒ぬり図形

　白い図形と同じ輪郭のものを、黒く塗りつぶされた図形の中から探します。同じ形を見つけるコツをつかみ、文字や図形をうまく認識する力を養います。

回転パズル

　ある図形を完成させるためにはどの形を組み合わせればいいのか探します。心の中で図形を回転させる力を養います。

形さがし

　不規則に並んだ点の中から、提示された形を構成する配列を探して、線で結びます。黒板の内容を書き写したりする際に必要な形の恒常性を理解する力（大きさ、色、向きなどが変化しても、同じものは同じと認知する力）を養います。

違いはどこ？

　左右 2 枚の絵の相違点を 3 つ探します。共通点・相違点を把握する力を養います。図のパターンを認識する、数字の並びからあるパターンを見つける、人の顔や表情を見分ける等に役立ちます。

同じ絵はどれ？

　複数の絵の中から同じ絵を 2 枚見つけます。「違いはどこ？」と同様の力を養う課題ですが、情報量を多くして、難易度を高めてあります。

● 想像する

　見えないものを想像する力をトレーニングします。関係性の理解、時間概念、論理的思考を養います。以下の5つのトレーニングからなります。

スタンプ

　提示されたスタンプを紙に押したとき、どんな模様になるかを想像します。ある視覚情報から他の情報を想像することを通して、見えないものを想像する力を養います。

切って開いて

　折り紙を折って点線の部分を切り、それを開いたらどのような形になるかを想像します。展開図をイメージする力を養います。

心で回転

　手前にいるあなたから見た図形が、他の3方向にいる動物からはどう見えるかを想像します。心の中でイメージを回転させる力を養います。

順位決定戦

　表彰台の結果をもとに、全体の順位を想像します。それぞれの関係性を理解して記憶しながら論理的思考を養います。

物語つくり

　ばらばらに置かれたイラストを、ストーリーを想像して正しい順番になるよう並べます。ストーリーを想像することで、時間概念や論理的思考を養います。また、断片的な情報から全体を想像する力をつけます。

2. 本書の使い方

　本書の使い方は、次章で課題ごとに説明していきます。それぞれ課題シートの見本を提示して、〈ねらい〉、〈のびる力〉、〈課題〉、〈進め方〉、〈ここでつけたい力〉、〈指導のポイント〉、〈もっとチャレンジ〉、〈やってみよう〉の順に構成されています。解答は巻末にあります。

　大きく５つのトレーニング（**覚える、数える、写す、見つける、想像する**）からなりますが、どのトレーニングから始めても問題ありません。**覚える**の視覚性トレーニングは「何があった？」「数字はどこ？」「文字はどこ？」「数字と文字はどこ？」「記号はどこ？」の順に、聴覚性トレーニングは「最初とポン」「正しいのはどっち？」「何が一番？」「何が何番？」「どこが何？」の順に、**数える**は「まとめる」「あいう算」「さがし算」「記号さがし」の順に、**写す**は「点つなぎ」「曲線つなぎ」「折り合わせ図形」「記号の変換」「鏡映し」「くるくる星座」の順に、**見つける**は「重なり図形」「黒ぬり図形」「回転パズル」「形さがし」「違いはどこ？」「同じ絵はどれ？」の順に、**想像する**は「スタンプ」「切って開いて」「心で回転」「順位決定戦」「物語つくり」の順におおむね難易度が上がります。

　お子さんのやる気や能力に応じて柔軟に調整しましょう。こうでなければならないということはありません。ただし、**想像する**は**写す**、**見つける**の力が基になりますので、それらの後に取り組むことをお勧めします。

　本トレーニングは、ていねいに課題に取り組むことが最も大切ですので、時間を計る課題以外は時間を気にせず、ゆっくり取り組むよう指導しましょう。課題が１回でできない場合はヒントを与えながら３回くらいまでチャレンジしてもらい、３回とも間違えたら正解を示し、日をあけて再度取り組むことにしましょう。

　本書でお子さんが少し物足りなさを感じる場合や、さらにトレーニングさせてみたい場合には、次章「各トレーニングのやり方」の〈もっとチャレンジ〉にある課題をやってみましょう。一方で、お子さんが難しそうにしている場合や、やりたがらない場合は、〈やってみよう〉にある課題から始めてみるのもよいかもしれません。〈もっとチャレンジ〉には本書よりも難易度の高い『コグト

レ みる・きく・想像するための認知機能強化トレーニング』（三輪書店）の課題を、〈やってみよう〉には本書よりも難易度を下げた『やさしいコグトレ 認知機能強化トレーニング』（三輪書店）、さらに難易度を下げた『もっとやさしいコグトレ 思考力や社会性の基礎を養う認知機能強化トレーニング』（三輪書店）の課題を紹介しています。

3. 付録 CD について

　本書の付録 CD には、課題一覧にある各トレーニングの課題シートが収録されています。シートは PDF 形式となっておりますので、Adobe Acrobat Reader（無償）がインストールされているパソコンで開いて、プリントしてお使いください。

● ご利用上の注意
・本製品は CD-ROM です。CD-ROM 対応以外の機器では再生をしないようにご注意ください。再生方法については、各パソコンや再生ソフトのメーカーにお問い合わせください。
・ハードウェア、ソフトウェア環境等により正常に再生できないことがあります。この場合は各メーカーにお問い合わせください。
・PDF ファイルをご覧いただくには、Adobe 社の Adobe Acrobat Reader（無償）が必要になります。事前に Adobe 社のサイトよりダウンロードください（Adobe® Reader® は Adobe 社の米国およびその他の国における登録商標です）。

● 権利関係
・本 CD に収載されているトレーニングシートの著作権は、著作者ならびに株式会社三輪書店に帰属します。無断での転載、改変はこれを禁じます。

課題一覧

	大項目	小項目	内容	枚数
覚える	何があった？①	1〜15	単純図形を覚える。	15
	何があった？②	1〜10	分離図形を覚える。	10
	何があった？③	1〜10	接点図形を覚える。	10
	何があった？④	1〜10	共有図形を覚える。	10
	何があった？⑤	1〜10	複雑図形を覚える。	10
	何があった？⑥	1〜10	立体図形を覚える。	10
	数字はどこ？	1〜20	数字と位置を覚える。	20
	文字はどこ？	1〜20	文字と位置を覚える。	20
	数字と文字はどこ？	1〜20	数字と文字と位置を覚える。	20
	記号はどこ？	1〜20	記号と位置を覚える。	20
	最初とポン①	1〜10	最初の言葉を選択肢から選ぶ。	10
	最初とポン②	1〜10	最初の言葉を選択肢から選ぶ。	10
	最初とポン③	1〜10	最初の言葉を選択肢から選ぶ。	10
	正しいのはどっち？	1〜5	短い文章を聞いて正しいほうを答える。	5
	何が一番？	1〜5	短い文章を聞いて何が一番かを答える。	5
	何が何番？	1〜5	短い文章を聞いて何が何番かを答える。	5
	どこが何？	1〜5	短い文章を聞いてどこが何かを答える。	5
数える	まとめる	1〜10	ある記号を指定された数だけ囲みながら数える。	10
	あいう算	1〜20	計算の答えをカタカナで置き換える。	20
	さがし算①	1〜10	足してある数字になる2つの組み合わせを〇で囲む。	10
	さがし算②	1〜10	足してある数字になる3つの組み合わせを〇で囲む。	10
	記号さがし①	1〜20	ある特定の記号を✓しながら数える。	20
	記号さがし②	1〜20	ある特定の記号をある条件のもと✓しながら数える。	20
	記号さがし③	1〜20	ある特定の記号をある条件のもと✓しながら数える。	20

視覚記憶（何があった？①〜記号はどこ？）
聴覚記憶（最初とポン①〜どこが何？）

	大項目	小項目	内容	枚数
写す	点つなぎ①	1 〜 20	上の見本を写す。	20
	点つなぎ②	1 〜 20	上の見本を写す。	20
	点つなぎ③	1 〜 20	上の見本を写す。	20
	曲線つなぎ①	1 〜 10	上の見本を写す。	10
	曲線つなぎ②	1 〜 10	上の見本を写す。	10
	折り合わせ図形	1 〜 10	上の見本をある条件のもと、下に写す。	10
	記号の変換	1 〜 10	上の見本をある条件のもと、下に変換して写す。	10
	鏡映し	1 〜 20	見本の鏡像を左右と下に写す。	20
	くるくる星座①	1 〜 10	上の見本を写す。	10
	くるくる星座②	1 〜 10	上の見本を写す。	10
見つける	重なり図形	1 〜 10	図形を構成するのに不要な部品を選ぶ。	10
	黒ぬり図形	1 〜 10	提示された図形を黒く塗ったものを選ぶ。	10
	回転パズル①	1 〜 10	図形を構成するのに必要な部品を選ぶ。	10
	回転パズル②	1 〜 10	図形を構成するのに必要な部品を選ぶ。	10
	形さがし	1 〜 20	点群の中から指定された図形を見つける。	20
	違いはどこ？	1 〜 20	2 枚の絵の違いを見つける。	20
	同じ絵はどれ？	1 〜 20	複数の絵の中から同じ絵を 2 枚選ぶ。	20
想像する	スタンプ	1 〜 10	スタンプの模様を選ぶ。	10
	切って開いて	1 〜 10	切った折り紙の展開図を選ぶ。	10
	心で回転	1 〜 20	ある図形を違った角度から推測する。	20
	順位決定戦	1 〜 20	複数の順位から総合順位を考える。	20
	物語つくり	1 〜 20	複数の絵を時間どおりに並べる。	20

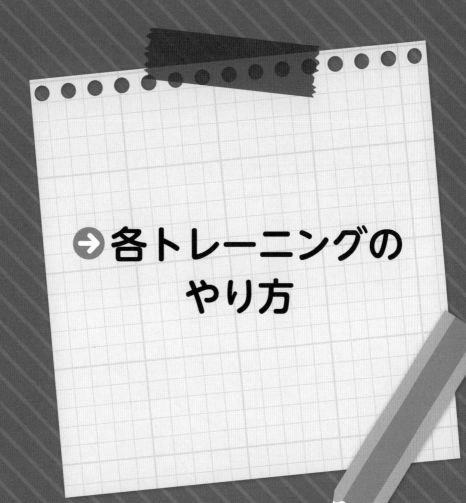
→各トレーニングの
やり方

何があった？

覚える

見本

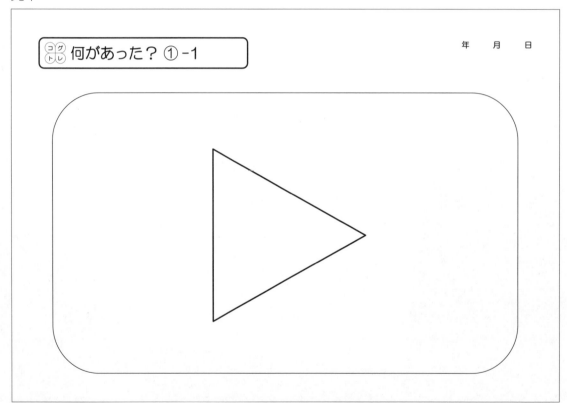

14

進め方　　　　※CDの中にある課題シートをプリントしてお使いください。

- 実施者は「何があった？」の課題シートを参加者に10秒間提示します。参加者はその間に課題シートに描かれた図形を記憶します。課題シートが隠されたら参加者は覚えた図形を白紙に描きます。
- 答え合わせは、覚えて描いたものと提示した課題シートを見比べ、間違っていたら正しく描き直してもらいましょう。

ここでつけたい力

- 絵をしっかり見て覚える力、形をとらえる力、覚える工夫をする力をつけていきます。

指導のポイント　　　　※この課題には解答記入シートはございません。

- ①～⑥の順に難易度が上がります。参加者の能力に合わせて出題しましょう。
- 10秒間で覚えられない場合、時間を延長しましょう。スピードよりも正確性を優先してください。
- 複数の図形が接したり、複数の位置に示される課題シートもあります。その課題シートでは各図形の位置関係を理解する力が必要です。難しい場合は、どのような位置関係にあるか言語化させて覚えてもらいましょう（例えば、②-1では、「大きい正三角形の中に、同じ向きの小さい正三角形が入っている」などです）。グループで行う場合、2人1組となり、お互い、相手に言葉だけで図形を伝える練習をしてみると効果的です。
- 正解の範囲は、参加者の認知レベルに合わせます。まず、課題シートを見ながら正確に描けるかどうかをみてみましょう。見ながらでも正確に描けない場合は、厳密に正解を求める必要はありません。参加者が困難さを示している場合は、それ以降の番号の課題シートを行う必要はありません。
- 記憶することが難しい場合は、課題シートを見ながら模写だけ行いましょう。模写ができない課題があれば、それ以降の番号の課題シートを無理に行う必要はありません。
- 図形はフリーハンドで描いてもらいましょう。直線が多少曲がっていたり、線の端が多少離れていたりしても、形や位置関係をとらえることができていれば正解としましょう。

もっとチャレンジ

『コグトレ みる・きく・想像するための認知機能強化トレーニング』（三輪書店）の「覚える」〈視覚性の短期記憶〉の中にある課題シート「何があった？①～⑫」を使ってみてください。

やってみよう

『もっとやさしいコグトレ 思考力や社会性の基礎を養う認知機能強化トレーニング』（三輪書店）の「覚える」の中にある課題シート「なにがあった？」を使ってみてください。

覚える 数字はどこ？

ねらい 短期記憶（視覚性）や視空間ワーキングメモリの力を養います。

のびる力 見て覚える力。

課 題 数字はどこ？-1〜20　計24枚

（課題シート20枚、解答記入シート4枚）

見本

すこしやさしいコグトレ 「数字はどこ？」(課題シート - 1)

数字はどこ？

名前（ 　 ）　　年　月　日

数字の場所を覚えて、下のマスに書きましょう。

① ② ③ ④ ⑤

◀ 進め方

※ CD の中にある課題シートと解答記入シートをプリントしてお使いください。

- 実施者は「数字はどこ？」の課題シートを参加者に 10 秒間提示し、数字がマス目のどこにあるか覚えてもらいます。課題シートを隠し、解答記入シートのマス目のどこに数字があったか書いてもらいます。

◀ ここでつけたい力

- 数字と位置をしっかり見て覚えて、どこにあるか、どの数字があるかを覚える力を養います。

◀ 指導のポイント

- 難しければ時間を長くしましょう。
- うまく覚えるための工夫を考えましょう（例えば、位置は指を使ってその位置を何度も目の前でなぞってみるなどです）。グループで行う場合、うまくいった人にどのような工夫をしたか聞いてみてください。

◀ もっとチャレンジ

『コグトレ みる・きく・想像するための認知機能強化トレーニング』（三輪書店）の「覚える」〈視覚性の短期記憶〉の中にある課題シート「数字はどこ？」を使ってみてください。

覚える 文字はどこ？

ねらい	短期記憶（視覚性）や視空間ワーキングメモリの力を養います。
のびる力	見て覚える力。
課　題	文字はどこ？-1〜20　計24枚 （課題シート20枚、解答記入シート4枚）

見本

すこしやさしいコグトレ　「文字はどこ？」（課題シート－1）

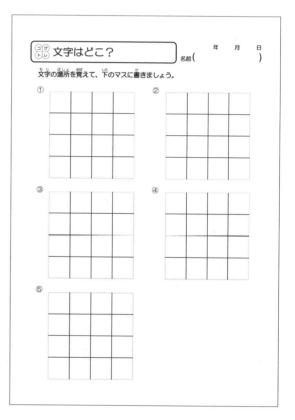

コグトレ 文字はどこ？　名前（　　　年　月　日　　　）

文字の場所を覚えて、下のマスに書きましょう。

① ②

③ ④

⑤

18

進め方

- 実施者は「文字はどこ？」の課題シートを参加者に 10 秒間提示し、文字がマス目のどこにあるか覚えてもらいます。課題シートを隠し、解答記入シートのマス目のどこに文字があったか書いてもらいます。

ここでつけたい力

- 文字と位置をしっかり見て覚えて、どこにあるか、どの文字があるかを覚える力を養います。

指導のポイント

- 難しければ時間を長くしましょう。
- うまく覚えるための工夫を考えましょう（例えば、位置は指を使ってその位置を何度も目の前でなぞってみるなどです）。グループで行う場合、うまくいった人にどのような工夫をしたか聞いてみてください。

もっとチャレンジ

『コグトレ みる・きく・想像するための認知機能強化トレーニング』（三輪書店）の「覚える」〈視覚性の短期記憶〉の中にある課題シート「文字はどこ？」を使ってみてください。

数字と文字はどこ？

ねらい	短期記憶（視覚性）や視空間ワーキングメモリの力を養います。
のびる力	見て覚える力。
課　題	数字と文字はどこ？-1〜20　計24枚 （課題シート20枚、解答記入シート4枚）

見本

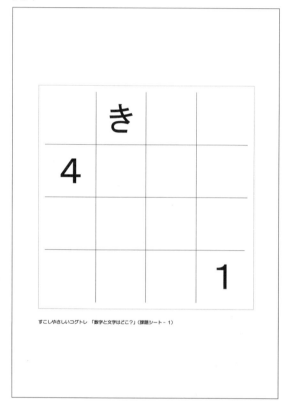

すこしやさしいコグトレ 「数字と文字はどこ？」（課題シート-1）

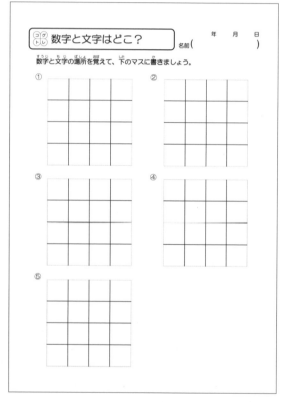

進め方

※ CD の中にある課題シートと解答記入シートをプリントしてお使いください。

- 実施者は「数字と文字はどこ？」の課題シートを参加者に 10 秒間提示し、数字と文字がマス目のどこにあるか覚えてもらいます。課題シートを隠し、解答記入シートのマス目のどこに数字と文字があったか書いてもらいます。

ここでつけたい力

- 数字と文字と位置をしっかり見て覚えて、どこにあるか、どの数字と文字があるかを覚える力を養います。

指導のポイント

- 難しければ時間を長くしましょう。
- うまく覚えるための工夫を考えましょう（例えば、位置は指を使ってその位置を何度も目の前でなぞってみるなどです）。グループで行う場合、うまくいった人にどのような工夫をしたか聞いてみてください。

もっとチャレンジ

『コグトレ みる・きく・想像するための認知機能強化トレーニング』（三輪書店）の「覚える」〈視覚性の短期記憶〉の中にある課題シート「数字と文字はどこ？」を使ってみてください。

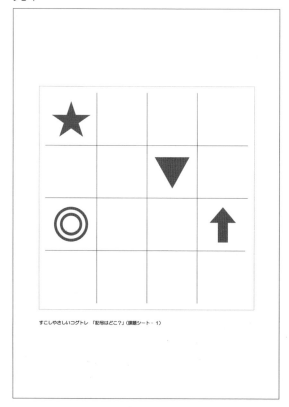 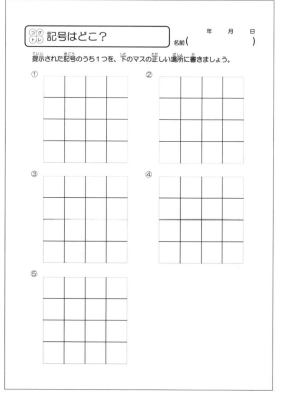

ねらい	短期記憶（視覚性）や視空間ワーキングメモリの力を養います。
のびる力	見て覚える力。
課　題	記号はどこ？-1〜20　計24枚
	（課題シート20枚、解答記入シート4枚）

見本

すこしやさしいコグトレ　「記号はどこ？」（課題シート - 1）

記号はどこ？　名前（　　　　　　）　年　月　日

提示された記号のうち1つを、下のマスの正しい場所に書きましょう。

① ② ③ ④ ⑤

※ CD の中にある課題シートと解答記入シートをプリントしてお使いください。

- 実施者は「記号はどこ？」の課題シートを参加者に 10 秒間提示し、記号がマス目のどこにあるか覚えてもらいます。課題シートを隠し、記号の 1 つを指示します。指示された記号がどこにあったか思い出してもらい、解答記入シートのマス目にその記号を描いてもらいます。
- 「記号はどこ？」の課題シートの記号は、注意を喚起するために赤色を用いていますが、白黒で印刷しても構いません。同じく、見やすくするために色を塗りつぶしている形もありますが（例えば、●、▲など）、色を塗りつぶしていなくても形を正確にとらえることができていれば正解とします（例えば、●を○、▲を△など）。

ここでつけたい力

- 記号と位置をしっかり見て覚えて、どこにあるか、どの記号があるかを覚える力を養います。

指導のポイント

- 難しければ時間を長くしましょう。
- うまく覚えるための工夫を考えましょう（例えば、位置は指を使ってその位置を何度も目の前でなぞってみる、記号を「まる」「さんかく」と一度声に出してみる、などです）。グループで行う場合、うまくいった人にどのような工夫をしたか聞いてみてください。

もっとチャレンジ

『コグトレ　みる・きく・想像するための認知機能強化トレーニング』（三輪書店）の「覚える」〈視覚性の短期記憶〉の中にある課題シート「記号はどこ？」を使ってみてください。

最初とポン

ねらい	集中力や短期記憶（聴覚性）の力を養います。
のびる力	聞いて覚えておく力。
課　題	最初とポン①〜③-1〜10　計60枚 （1回につき5セット、各10回、計30回分） （課題シート30枚、解答記入シート30枚）

見本

◯◯◯◯ 最初とポン①-1　　　　　　　年　月　日

1　去年の冬に森でサルに会いました。
　　赤いサルは手に魔法のつえを持ってます。

2　サルの杖の先から光が出ました。
　　ピカッと光ったのをイヌが見ました。

3　雷ではなくあのサルの杖の光です。
　　優しい金色の光でした。

4　これからサルと金色の光の話をします。
　　昔、冬の森の中で起きた話です。

5　木曜日の朝、ネコが目を覚ましました。
　　あたたかいお日様が空にのぼっています。

◯◯◯◯ 最初とポン①-1　　　　　　　年　月　日
　　　　　　　　　　　　　名前（　　　　　　　　　）

これから短い文章を2つ読みます。よく聞いて、
2つの文章の初めの言葉を覚え、聞き終わったら、◯で囲みましょう。
また、文章の中に動物の名前が出てきたら手をたたきましょう。

1
| さる | つえ | きょねん | て | ふゆ |
| まほう | あかい | しろい | もり | もって |

2
| いぬ | ひかり | ひかった | さる | ねこ |
| さき | ぴかっ | みました | でました | つえ |

3
| あの | つえ | かみなり | やさしい | ひかり |
| きんいろ | さる | いぬ | ひかった | みました |

4
| きんいろ | もり | これから | ある | さる |
| はなし | つえ | むかし | ふゆ | ひかり |

5
| さる | ねこ | おひさま | のぼって | めざまし |
| もくようび | あさ | あたたかい | そら | おおきな |

進め方

- 実施者は「最初とポン」の課題シートに書かれている動物、くだもの、色の名前が入った短い文章を読み上げます。参加者は動物、くだもの、色の名前が出てきたら手を叩きます。
- そして、参加者は 1 セットを聞き終えたら、それらの短い文章の最初の言葉を解答記入シートの選択肢から探して◯で囲みます。短い文章は 2 文または 3 文あり、それらをすべて読み上げて 1 セットとなります。1 回につき 5 セットを実施します。

ここでつけたい力

- 人の話をしっかり注意して聞く力を養います。動物、くだもの、色の名前が出てきたら手を叩いてもらうことで、より注意深く聞くことができる力をつけていきます。

指導のポイント

答え 78〜85 ページ

- 最初はゆっくりと読み上げ、動物、くだもの、色の名前が出てきたらしっかりと手が叩けることを目指します。
- 手を叩く代わりに、手を挙げてもらうのもいいでしょう。
- もし余裕があれば、出てきた動物、くだもの、色の名前も答えてもらいましょう。

もっとチャレンジ

『コグトレ みる・きく・想像するための認知機能強化トレーニング』（三輪書店）の「覚える」〈聴覚性の短期記憶と文章理解〉の中にある課題シート「最初とポン①〜③」「最後とポン①〜③」を使ってみてください。

やってみよう

『もっとやさしいコグトレ 思考力や社会性の基礎を養う認知機能強化トレーニング』（三輪書店）の「覚える」の中にある課題シート「どうぶつでポン」を使ってみてください。

正しいのはどっち？

ねらい	文章理解力と人の話を注意・集中してしっかり聞く力を養います。
のびる力	聞いて覚えておく力。文章理解力。
課　題	正しいのはどっち？-1〜5　計 10 枚 （3 題で 1 セット、5 回分） （課題シート 5 枚、解答記入シート 5 枚）

見本

コグトレ 正しいのはどっち？ -1　　　　年　　月　　日

1　ゆうとさんとだいきさんがかけっこをしました。途中でだいきさんがつまずいて転んでしまいました。先にゴールしたのはどちらですか。

2　じゅんさんははるとさんより力持ちです。一度により多くの荷物を運ぶことができるのはどちらですか。

3　だいごさんとけんとさんは同じマンションに住んでいます。だいごさんは自転車で、けんとさんは歩いて学校に行きます。同じ時間に出発したとき、先に学校に着くのはどちらですか。

コグトレ 正しいのはどっち？ -1　名前（　　　　）　年　　月　　日

これから問題を読みます。よく聞いて答えを〔　　〕に書きましょう。

1　〔　　　　　　〕

2　〔　　　　　　〕

3　〔　　　　　　〕

※ CD の中にある課題シートと解答記入シートをプリントしてお使いください。

- 実施者は「正しいのはどっち？」の課題シートに書かれている文章を読み上げます。参加者は問いについて考え、その答えを解答記入シートに書きます。1 回につき 3 題を実施します。

ここでつけたい力

- 文章を理解して覚え、問いに答えることで、文章理解力と聴覚（言語性）ワーキングメモリを養います。「最初とポン」では同時に読み上げる文章の内容を理解する必要はありませんでしたが、ここでは文章を完全に理解して覚える必要がありますので、人の話を聞き指示が理解できる力を養うことができます。

指導のポイント

答　え　85 ページ

- 参加者のレベルに応じて何度か読んであげましょう。最初は答えがわかるまで何度でも読んであげていいでしょう。
- 答えを提示しても理解できない場合は黒板等に関係性を図示して視覚化することで理解してもらいましょう。
- 参加者のレベルによっては聞きながらメモをとってもらってもいいでしょう。

もっとチャレンジ

『コグトレ みる・きく・想像するための認知機能強化トレーニング』（三輪書店）の「覚える」〈聴覚性の短期記憶と文章理解〉の中にある課題シート「何が一番？①」を使ってみてください。

覚える　何が一番？

ねらい	文章理解力と聞いて覚える力を養います。
のびる力	聞いて覚えておく力。文章理解力。
課題	何が一番？-1～5　計10枚 （3題で1セット、5回分） （課題シート5枚、解答記入シート5枚）

見本

コグトレ 何が一番？-1　　　　年　月　日

1　魚釣りをしました。だいきさんはゆうたさんよりたくさん釣りました。さとしさんはだいきさんよりたくさん釣りました。一番たくさん魚を釣ったのは誰ですか。

2　かけっこをしました。ウサギさんはキツネさんより早くゴールしました。ネコさんはキツネさんより遅くゴールしました。一番早くゴールしたのは誰ですか。

3　なわとびをしました。りょうさんはひかるさんより多く跳びました。まさきさんはりょうさんより多く跳びました。一番多く跳んだのは誰ですか。

コグトレ 何が一番？-1　　　　年　月　日　名前（　　　　）

これから問題を読みます。よく聞いて答えを［　］に書きましょう。

1　［　　　　　］

2　［　　　　　］

3　［　　　　　］

◀ 進め方

※ CD の中にある課題シートと解答記入シートをプリントしてお使いください。

- 実施者は「何が一番?」の課題シートに書かれている文章を読み上げます。参加者は問いについて考え、その答えを解答記入シートに書きます。1 回につき 3 題を実施します。

◀ ここでつけたい力

- 文章を理解して覚え、問いに答えることで、文章理解力と聴覚 (言語性) ワーキングメモリを養います。「最初とポン」では同時に読み上げる文章の内容を理解する必要はありませんでしたが、ここでは文章を完全に理解して覚える必要がありますので、人の話を聞き指示が理解できる力を養うことができます。

◀ 指導のポイント

答　え　85 ページ

- 参加者のレベルに応じて何度か読んであげましょう。最初は答えがわかるまで何度でも読んであげていいでしょう。
- 答えを提示しても理解できない場合は黒板等に関係性を図示して視覚化することで理解してもらいましょう。
- 参加者のレベルによっては聞きながらメモをとってもらってもいいでしょう。

◀ もっとチャレンジ

『コグトレ みる・きく・想像するための認知機能強化トレーニング』(三輪書店) の「覚える」〈聴覚性の短期記憶と文章理解〉の中にある課題シート「何が一番?②」を使ってみてください。

何が何番？

ねらい	文章理解力と聞いて覚える力をつけて、より人の話を理解する力を養います。
のびる力	より人の話を理解する力。
課　題	何が何番？-1～5　計10枚 （3題で1セット、5回分） （課題シート5枚、解答記入シート5枚）

見本

🧩 何が何番？-1　　　　　　　年　月　日

1　じゃがいもが3個、玉ねぎが5個、トマトが2個、袋に入っています。二番目に数が多い野菜は何ですか。

2　夏休みに、りんさんは本を7冊、めいさんは本を4冊、さきさんは本を3冊、読みました。二番目にたくさん本を読んだのは誰ですか。

3　どんぐり拾いをしました。かいとさんは3個、さとるさんは7個、たくまさんは4個、拾いました。一番たくさん拾ったのは誰ですか。

🧩 何が何番？-1　　　　　　　年　月　日
名前（　　　　　　　　）

これから問題を読みます。よく聞いて答えを〔　　〕に書きましょう。

1　〔　　　　　　　　〕

2　〔　　　　　　　　〕

3　〔　　　　　　　　〕

▶ 進め方

※ CD の中にある課題シートと解答記入シートをプリントしてお使いください。

・実施者は「何が何番？」の課題シートに書かれている文章を読み上げます。参加者は問いについて考え、その答えを解答記入シートに書きます。1 回につき 3 題を実施します。

▶ ここでつけたい力

・文章を理解して覚え、問いに答えることで、文章理解力と聴覚（言語性）ワーキングメモリを養います。「何が一番？」に比べて難易度が増します。

▶ 指導のポイント

答え 86 ページ

・「何が一番？」に比べて難易度が高いので、参加者のレベルに応じて読むスピードや回数を調整しましょう。

・答えを提示しても理解できない場合は黒板等に関係性を図示して視覚化することで理解してもらいましょう。

・参加者のレベルによっては聞きながらメモをとってもらってもいいでしょう。

▶ もっとチャレンジ

『コグトレ みる・きく・想像するための認知機能強化トレーニング』（三輪書店）の「覚える」〈聴覚性の短期記憶と文章理解〉の中にある課題シート「何が何番？①②」を使ってみてください。

どこが何？

ねらい	文章理解力と聞いて覚える力をつけて、より人の話を理解する力を養います。
のびる力	より人の話を理解する力。
課　題	どこが何？-1〜5　計10枚 （3題で1セット、5回分） （課題シート5枚、解答記入シート5枚）

見本

【コグトレ】どこが何？ -1　　　　年　月　日

1　パン屋さんに来ました。食パンの右にフランスパンがあります。サンドウィッチは食パンの左にあります。フランスパンは左から何番目にありますか。

2　ゆうまさんはお母さんと弟とお昼寝をしています。お母さんの左に弟が寝ていたので、ゆうまさんはお母さんの右に寝ました。一番左に寝ているのは誰ですか。

3　前から背の高い順に並んでいます。たつやさんの前にしょうさんがいて、ふうまさんの後ろにしょうさんがいます。二番目に背の高い人は誰ですか。

【コグトレ】どこが何？ -1　名前（　　　　年　月　日　　　）

これから問題を読みます。よく聞いて答えを［　　］に書きましょう。

1　［　　　　　　　　　　］

2　［　　　　　　　　　　］

3　［　　　　　　　　　　］

◀ 進め方

※ CD の中にある課題シートと解答記入シートをプリントしてお使いください。

- 実施者は「どこが何？」の課題シートに書かれている文章を読み上げます。参加者は問いについて考え、その答えを解答記入シートに書きます。1回につき3題を実施します。

◀ ここでつけたい力

- 文章を理解して覚え、問いに答えることで、文章理解力と聴覚（言語性）ワーキングメモリを養います。「何が何番？」に比べて難易度が増します。

◀ 指導のポイント

答 え　86 ページ

- 「何が何番？」に比べて難易度が高いので、参加者のレベルに応じて読むスピードや回数を調整しましょう。
- 答えを提示しても理解できない場合は黒板等に関係性を図示して視覚化することで理解してもらいましょう。
- 参加者のレベルによっては聞きながらメモをとってもらってもいいでしょう。

◀ もっとチャレンジ

『コグトレ　みる・きく・想像するための認知機能強化トレーニング』（三輪書店）の「覚える」〈聴覚性の短期記憶と文章理解〉の中にある課題シート「何が何番？①②」を使ってみてください。

まとめる

ねらい	数感覚を養います。
のびる力	数を数えるのがはやくなる、効率よく数えられる、繰り上がり・繰り下がり計算が得意になる、など。
課 題	まとめる-1〜10　計10枚

見本

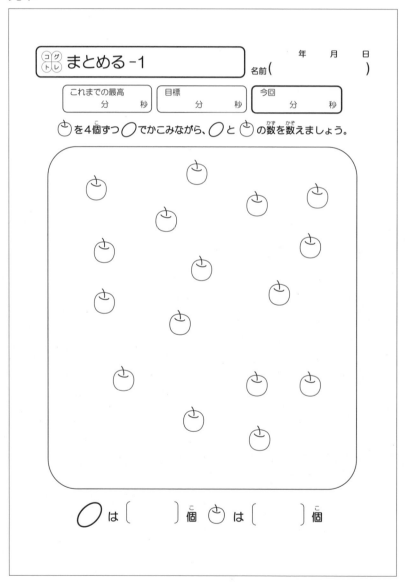

進め方

※ CD の中にある課題シートをプリントしてお使いください。

- 🍎を 4 個、5 個、または 6 個ずつ ◯ で囲み、◯ の数と 🍎 の数を数え、(　　　) の中に書きます。

ここでつけたい力

- 数を数える際には、1 つずつ数える方法と、かたまり（量）として把握する方法があります。数感覚の基礎を養うため、◯ で囲むことで、対象をかたまり（量）としてまとめて見る力をつけていきます。
- 繰り上がり・繰り下がり計算の仕方を理解する際には、「7」と「3」や「6」と「4」のように、2 つの数字を足したり、分けたりして 10 をつくる「10 の合成と分解」の理解から始めます。この課題では、組み合わせて 10 となるかたまり（量）を見つける力をつけていきます。

指導のポイント

答　え　87 ページ

- 時間を気にせず、ゆっくり確実に ◯ で囲むように促します。
- 🍎 を 1 つずつ数えて ◯ で囲むよりも、決められた数の 🍎 をかたまりで見つけてから ◯ をつけるように伝えましょう。

もっとチャレンジ

『コグトレ　みる・きく・想像するための認知機能強化トレーニング』（三輪書店）の「数える」の中にある課題シート「まとめる」を使ってみてください。

やってみよう

『やさしいコグトレ　認知機能強化トレーニング』（三輪書店）の「数える」の中にある課題シート「まとめる①②」や、『もっとやさしいコグトレ　思考力や社会性の基礎を養う認知機能強化トレーニング』（三輪書店）の「数える」の中にある課題シート「まとめる①②」を使ってみてください。

数える　あいう算

見本

コグトレ　あいう算 -1

名前(　　　　　　　　　　)

年　　月　　日

これまでの最高 分　　秒	目標 分　　秒	今回 分　　秒

計算の答えと同じ数字の(　)に、「ア〜ホ」を入れましょう。

ア	6+3	サ	1+8	ナ	1+2
イ	4+4	シ	3+2	ニ	5+4
ウ	3+5	ス	2+0	ヌ	0+3
エ	1+0	セ	4+3	ネ	1+1
オ	4+2	ソ	6+1	ノ	2+5
カ	3+1	タ	2+2	ハ	6+2
キ	2+3	チ	1+7	ヒ	5+1
ク	1+4	ツ	0+1	フ	2+0
ケ	5+5	テ	2+4	ヘ	3+3
コ	0+3	ト	3+1	ホ	2+8

1　(　)(　)(　)(　)(　)　　　6　(　)(　)(　)(　)(　)

2　(　)(　)(　)(　)(　)　　　7　(　)(　)(　)(　)(　)

3　(　)(　)(　)(　)(　)　　　8　(　)(　)(　)(　)(　)

4　(　)(　)(　)(　)(　)　　　9　(　)(　)(　)(　)(　)

5　(　)(　)(　)(　)(　)　　　10　(　)(　)

▶ 進め方

※ CDの中にある課題シートをプリントしてお使いください。

- まず上段の計算に答え、その横にあるカタカナ（「あいう算-1～10」）、ひらがな（「あいう算-11～20」）を覚えます。次に下段から答えと同じ数字を選んで、その横の（　　　）の中に、対応するカタカナやひらがなを書きます。

▶ ここでつけたい力

- 学習や社会生活をするうえで必要となる、数秒の間覚えておく力（短期記憶）を養います。
- この力が鍛えられると、たとえばテストで問題を解いて、出た答えを解答欄に書き写す（転記する）ときに、写し間違うことを減らせるでしょう。

▶ 指導のポイント

答　え　87～92 ページ

- 時間制限はありませんので、ゆっくり確実にやるように促しましょう。
- 一通り終えた後、すべての（　　　）の中に答えが入らないときは、どこかで答えを間違えていますので、どこを間違えたか見直してもらいましょう。
- 覚えられないときは、最初は声に出しながら（「アは4」など）、下段の（　　　）に記入してもらってもいいでしょう。

▶ もっとチャレンジ

『コグトレ みる・きく・想像するための認知機能強化トレーニング』（三輪書店）の「数える」の中にある課題シート「あいう算」を使ってみてください。

▶ やってみよう

『やさしいコグトレ 認知機能強化トレーニング』（三輪書店）の「数える」の中にある課題シート「あいう算①～③」を使ってみてください。

数える さがし算

ねらい	集中力や処理速度の向上を養います。
のびる力	素早く探すために工夫する力、など。
課題	さがし算①②-1〜10　計20枚

見本

さがし算 ①-1

名前(　　　　　　　　　　)

年　月　日

これまでの最高	目標	今回
分　秒	分　秒	分　秒

□ の中の2つの数字を足して、8になるものを探し ◯ で囲みましょう。たて、よこ、ななめの数字から見つけましょう。

6　3	7　9	8　7
5　4	6　2	4　0

4　3	4　3	5　8
7　1	4　2	3　9

2　4	0　4	1　2
5　6	5　8	5　7

進め方

※ CD の中にある課題シートをプリントしてお使いください。

- 枠の中にある数字から、足すとある数字になる組み合わせをできるだけ早く探し出し、線で囲んでいきます。
- 「さがし算①」では 2 つ、「さがし算②」では 3 つの数字の組み合わせを「たて」「よこ」「ななめ」から探して囲みます。「さがし算①」「さがし算②」いずれも、組み合わせを 1 つ探す場合と 2 つ探す場合があります。
- 目標時間を決めて、その時間に近づくようにがんばってもらいましょう。時間の上限は 5 分です。

ここでつけたい力

- 答えを効率よく探すことで、集中力や処理速度の向上、素早く探すために工夫する力を養います。

指導のポイント

答え 92〜97 ページ

- 足す数が増えると、素早く探すための工夫も必要になってきます。たとえば 3 つを足して 10 にする組み合わせを探すとき、1 つ目の数字が 4 であれば 6 以上の数字を探す必要はありません。10 を超えてしまいますから、探すのは 5 以下の数字だけでいいことになります。
- どのように探しているか言葉にしてもらい、早く探すためにはどうしたらよいか一緒に考えてみましょう。

もっとチャレンジ

『コグトレ みる・きく・想像するための認知機能強化トレーニング』（三輪書店）の「数える」の中にある課題シート「さがし算①②」を使ってみてください。

記号さがし

ねらい	注意力や集中力、抑制力を養います。
のびる力	集中力がつく、うっかりミスが減る、など。
課　題	記号さがし①〜③-1〜20　計60枚

見本

記号さがし ①-1

年　　月　　日
名前(　　　　　　　　　)

これまでの最高	目標	今回
分　　秒	分　　秒	分　　秒

△の数を数えながら、できるだけ早く△に ✓ をつけましょう。

△は〔　　〕個

▶ 進め方

※ CD の中にある課題シートをプリントしてお使いください。

- 「記号さがし①」「記号さがし②」では△や□の数を、「記号さがし③」では🍎の数を数えながら、それぞれに✓をつけ、最後にそれらの数を下の（　　　）の中に書きます。
- 「記号さがし②」では、△や□の左側に条件で示された記号があった場合は数えず、✓もつけません。「記号さがし③」では、🍎の左側に条件で示された 2 つのイラストのどちらかがあった場合は数えず、✓もつけません。数えない場合の条件に注意しながら、できるだけ早く正確に数えます。

▶ ここでつけたい力

- 対象を注意深く正確に数えることで、注意力や集中力をつけます。
- 「記号さがし②」「記号さがし③」では、ある条件ではブレーキをかけることで、刺激に対する抑制の力をつけます。これによってうっかりミスを減らす力を養います。

▶ 指導のポイント

　答　え　　97〜98 ページ

- 対象をより注意深く正確に数える練習を行います。おおよそ 5 分くらいを目安にていねいにやってもらいましょう。
- 数えない場合の条件が理解できていないときは、一緒にルールを確認してから始めましょう。
- 答えが間違っていた場合、どこで間違ったのか気づくように確認してもらいましょう。

▶ もっとチャレンジ

『コグトレ みる・きく・想像するための認知機能強化トレーニング』（三輪書店）の「数える」の中にある課題シート「記号さがし①〜④」を使ってみてください。

▶ やってみよう

『やさしいコグトレ 認知機能強化トレーニング』（三輪書店）の「数える」の中にある課題シート「記号さがし①〜③」や、『もっとやさしいコグトレ 思考力や社会性の基礎を養う認知機能強化トレーニング』（三輪書店）の「数える」の中にある課題シート「かぞえる①〜⑧」を使ってみてください。

写す　点つなぎ

ねらい	見本を正確に写すといった、視覚認知の基礎力を養います。
のびる力	ひらがなや漢字を覚える、簡単な図形を描き写す、など。
課題	点つなぎ①〜③-1〜20　計60枚

見本

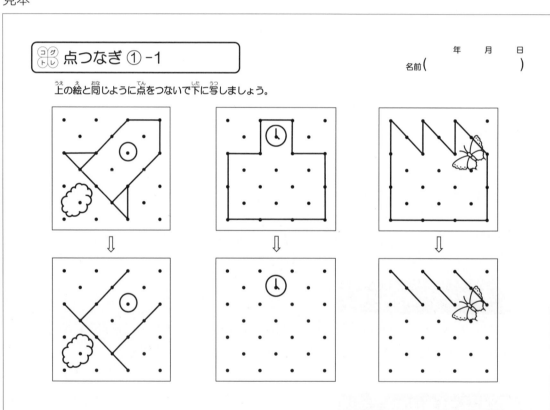

進め方

※ CD の中にある課題シートをプリントしてお使いください。

- 上段の見本を見ながら、下段の絵が見本と同じになるように、定規などを使わずに線を引いて、写していきます。

ここでつけたい力

- ひらがなが正確に書けない、漢字が覚えられないことには、文字の形態を認識する力が弱いことも関係しています。ここでは、まず文字よりも基礎的な形を認識できる力を養い、文字を書く力につなげます。
- 文字を書く際には、まっすぐ線を引く力も必要です。手先の微細運動、視覚と手先の運動の協応も養います。

指導のポイント

- 定規を使いたがる子どももいますが、フリーハンドで直線を引く力をつけることも目的としていますので、定規はできるだけ使わないように伝えましょう。
- 最初はまっすぐ線が引けなくても、正しい点と点をつなごうとしていることがわかれば正解としましょう。

もっとチャレンジ

『コグトレ みる・きく・想像するための認知機能強化トレーニング』（三輪書店）の「写す」の中にある課題シート「点つなぎ①〜③」を使ってみてください。

やってみよう

『やさしいコグトレ 認知機能強化トレーニング』（三輪書店）の「写す」の中にある課題シート「点つなぎ①〜③」や、『もっとやさしいコグトレ 思考力や社会性の基礎を養う認知機能強化トレーニング』（三輪書店）の「写す」の中にある課題シート「てんつなぎ①②」を使ってみてください。

写す　曲線つなぎ

ねらい	曲線からなる文字や図形を認知する力を養います。
のびる力	ひらがなをうまく書く、曲線をうまく引く、など。
課題	曲線つなぎ①②-1～10　計20枚

見本

曲線つなぎ ①-1

コグトレ

年　　月　　日
名前(　　　　　　　　)

一番上の絵と同じ絵になるよう、真ん中と下の欄に写しましょう。

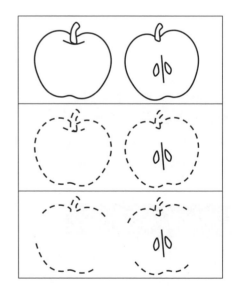

44

▶ 進め方

※ CD の中にある課題シートをプリントしてお使いください。

- 「曲線つなぎ①」は、上段の見本を中段、下段にフリーハンドで写します。中段は破線をなぞって、下段は破線が抜けているところを補って同じ絵になるように写していきます。
- 「曲線つなぎ②」は、上段の見本を下段にフリーハンドで写します。見本のどこが描かれていないかよく見比べ、足りない曲線を補って同じ絵になるように写していきます。

▶ ここでつけたい力

- ひらがなは、ほとんどが曲線からなっており、曲線がうまく引けないと、ひらがなもうまく書けません。また、円などの図形を描いたりするのにも曲線を引く力が必要です。文字や図形をうまく描くには、まず曲線がどのようなものか、認知できる必要があります。ここでは曲線の含まれた文字や図形を認知する力を養います。
- 「点つなぎ」と同様に、手先の微細運動、視覚と手先の運動の協応も養います。

▶ 指導のポイント

- 破線を手がかりに、ゆっくりと、ていねいに模写してもらいましょう。
- 「曲線つなぎ①」で、下段がまだ難しければ、中段の破線をなぞるだけでもいいでしょう。その場合は、「曲線つなぎ②」を行う必要はありません。

▶ もっとチャレンジ

『コグトレ みる・きく・想像するための認知機能強化トレーニング』（三輪書店）の「写す」の中にある課題シート「曲線つなぎ①～③」を使ってみてください。

▶ やってみよう

『やさしいコグトレ 認知機能強化トレーニング』（三輪書店）の「写す」の中にある課題シート「曲線つなぎ①②」や、『もっとやさしいコグトレ 思考力や社会性の基礎を養う認知機能強化トレーニング』（三輪書店）の「写す」の中にある課題シート「きょくせんつなぎ」を使ってみてください。

写す 折り合わせ図形

ねらい	真ん中の線で対称となっている記号の位置関係を正確に把握する力を養います。
のびる力	位置関係を正確に把握する力、など。
課題	折り合わせ図形-1〜10　計10枚

見本

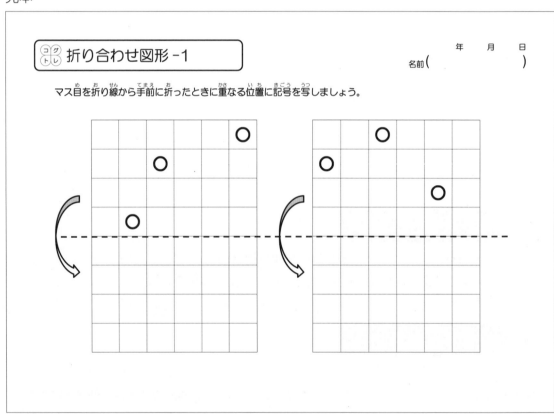

コグトレ 折り合わせ図形 -1

年　　月　　日
名前(　　　　　　　)

マス目を折り線から手前に折ったときに重なる位置に記号を写しましょう。

◀ 進め方

※ CD の中にある課題シートをプリントしてお使いください。

- 上段のマス目の中にある記号を、真ん中の線で上下対称となるように、下段のマス目に写します。

◀ ここでつけたい力

- マス目にある記号を上下対称に写すことで、正確に写す力を養います。
- そのまま模写するだけでなく、簡単な位置関係を理解しながら模写する力を養います。

◀ 指導のポイント

答え 99～101 ページ

- 記号の形も大切ですが、記号の位置を正確に把握できているかに注意しましょう。

◀ もっとチャレンジ

『コグトレ みる・きく・想像するための認知機能強化トレーニング』（三輪書店）の「写す」の中にある課題シート「折り合わせ図形①～③」を使ってみてください。

写す 記号の変換

ねらい	位置関係を正確に把握する力を養います。
のびる力	黒板に描かれた図形をノートに写す力、など。
課　題	記号の変換-1〜10　計10枚

見本

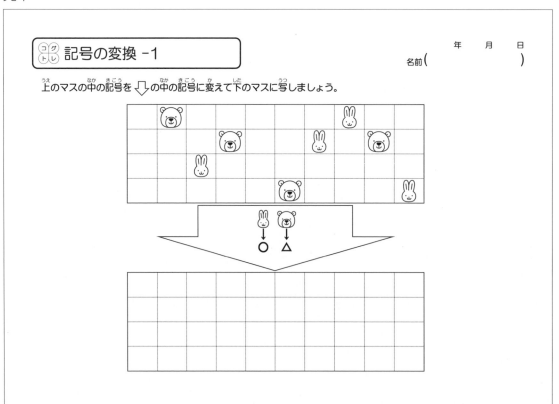

48

◀ 進め方

※ CD の中にある課題シートをプリントしてお使いください。

- 上段のマス目の中にあるイラストを、ルールに従って記号に変換し、下段のマス目に写します。

◀ ここでつけたい力

- ルールを守りながら記号の位置を正確に写す力を養います。
- 簡単な位置関係を理解しながら模写する力をつけますが、「折り合わせ図形」よりもルールが加わったぶん、さらに注意力が必要となります。

◀ 指導のポイント

答　え　101〜103 ページ

- 同じ記号だけ先に写す方法や、変換のルールを覚えて 1 つずつ端から順に写す方法等が考えられます。どちらがミスなく写せるか試してもらいましょう。

◀ もっとチャレンジ

『コグトレ みる・きく・想像するための認知機能強化トレーニング』（三輪書店）の「写す」の中にある課題シート「記号の変換①〜③」を使ってみてください。

写す　鏡映し

ねらい　位置関係を正確に把握する力や反転させる想像力を養います。

のびる力　図形を頭の中で変換する力、など。

課　題　鏡映し-1～20　計20枚

見本

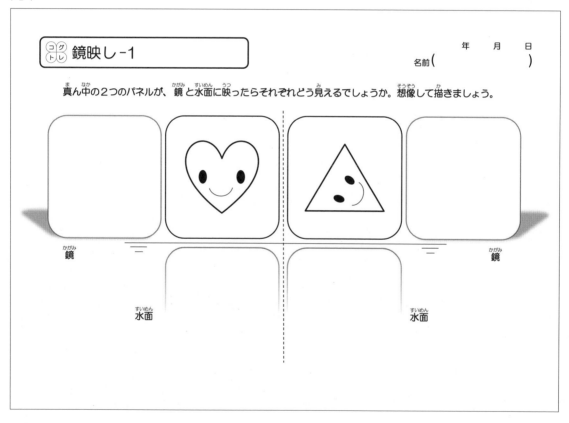

※ CD の中にある課題シートをプリントしてお使いください。

- 上段の真ん中にある 2 つの図形が、鏡に映ったときと、水面に映ったときにどう見えるのか想像して描きます。
- 図形の左側と右側の空欄には鏡に映った像を、下段の空欄には水面に映った像を描きます。

> ### ここでつけたい力

- 図形を鏡像と水面像に置き換えて写すことを通して、簡単な位置関係の理解を促し、想像力を働かせながら模写する力を養います。
- 鏡像は、右利きであれば左側の空欄に描く際に、左利きであれば右側の空欄に描く際に、見本が手で隠れるので、図形を記憶しながら描く力が必要となります。

> ### 指導のポイント

> 答　え 　104〜108 ページ

- 図形や絵自体は形がだいたい描けていればよしとし、向きや位置関係が正確かどうかに注意しましょう。
- 難しければ、最初は実際に鏡を置いて確認してもらいましょう。

> ### もっとチャレンジ

『コグトレ　みる・きく・想像するための認知機能強化トレーニング』（三輪書店）の「写す」の中にある課題シート「鏡映し」を使ってみてください。

写す くるくる星座

ねらい	相対的位置関係を正確に把握・理解する力を養います。
のびる力	地図を読む力、など。
課　題	くるくる星座①②-1～10　計20枚

見本

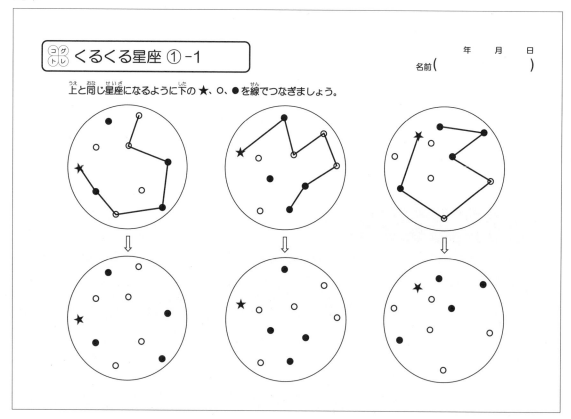

進め方

※ CD の中にある課題シートをプリントしてお使いください。

- 「くるくる星座①」は、上段の見本を見ながら、下段に、★、〇、●を線でつないで同じ星座になるように写します。
- 「くるくる星座②」は、上段の見本を見ながら、下段に、〇、●を線でつないで同じ星座になるように写します。ただし、「くるくる星座①」のように、起点を示す★はありません。

ここでつけたい力

- 見本を正確に写すことを通して、位置関係の理解が深まり、地図を読みながら目的地に向かうといった力を伸ばすのに役立ちます。

指導のポイント

答 え 109〜113 ページ

- 課題が進むにつれ下段の円が回転します。どのくらい回転しているのか先に考えてもらいましょう。
- 難しければ、課題シートを回転させてみましょう。
- 「くるくる星座②」では起点を示す★がなくなります。星座の端がどこに対応するか見つけるところから始めてもらうといいでしょう。

もっとチャレンジ

『コグトレ みる・きく・想像するための認知機能強化トレーニング』（三輪書店）の「写す」の中にある課題シート「くるくる星座」を使ってみてください。

やってみよう

『やさしいコグトレ 認知機能強化トレーニング』（三輪書店）の「写す」の中にある課題シート「ゆれる点つなぎ」を使ってみてください。

見つける 重なり図形

ねらい	形の恒常性を理解する力を養います。
のびる力	論理的に形を見つける力、など。
課 題	重なり図形-1〜10　計 10 枚

見本

※ CD の中にある課題シートをプリントしてお使いください。

・左に示された図形をつくるのに使われていない形を、右に示された 3 つの図形の中から 1 つ選び、〇で囲みます。

ここでつけたい力

・1 つだけ共通しない形を見つけることで、論理的に形を見つける力を養います。

指導のポイント

答 え　114〜116 ページ

・小さな図形を大きな図形に重ねてしまうと、余る図形がない場合もありますので、迷った場合は「1 つだけいらないとすればどれだろう？」といった聞き方に変えてみましょう。

・どうしてもわからなければ、課題シートを切り取って重ねてみましょう。

もっとチャレンジ

『コグトレ みる・きく・想像するための認知機能強化トレーニング』（三輪書店）の「見つける」の中にある課題シート「重なり図形」を使ってみてください。

やってみよう

『やさしいコグトレ 認知機能強化トレーニング』（三輪書店）の「見つける」の中にある課題シート「この影はどれ？①②」や、『もっとやさしいコグトレ 思考力や社会性の基礎を養う認知機能強化トレーニング』（三輪書店）の「見つける」の中にある課題シート「このかげはどれ？」を使ってみてください。

見つける 黒ぬり図形

ねらい 共通した形の輪郭を見わける力、形の恒常性を理解する力を養います。

のびる力 図形問題が得意になる、形をしっかり読み取れる、など。

課　題 黒ぬり図形-1〜10　計10枚

見本

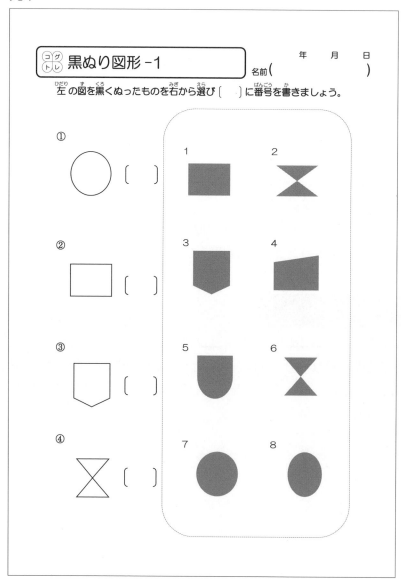

進め方

・左に示された図形を黒くぬったときの形を、右に示された図形の中から選び、（　　　）の中に番号を書きます。

ここでつけたい力

・図形問題が苦手な子どもは、形の輪郭を認識する力が弱いことがあります。ここでは図形を黒くぬったものを見つけるという課題を通して、形の輪郭を見わける力、形の恒常性を理解する力を養います。

指導のポイント

答　え　116 ページ

・形の輪郭だけを見て、探すように伝えましょう。
・どうしてもわからなければ、図形を黒くぬってみましょう。

もっとチャレンジ

『コグトレ　みる・きく・想像するための認知機能強化トレーニング』（三輪書店）の「見つける」の中にある課題シート「黒ぬり図形」を使ってみてください。

やってみよう

『やさしいコグトレ　認知機能強化トレーニング』（三輪書店）の「見つける」の中にある課題シート「この影はどれ？①②」や、『もっとやさしいコグトレ　思考力や社会性の基礎を養う認知機能強化トレーニング』（三輪書店）の「見つける」の中にある課題シート「このかげはどれ？」を使ってみてください。

回転パズル

ねらい	形の恒常性を理解する力を養います。
のびる力	心の中で回転させて同じ形を見つける力、など。
課題	回転パズル①②-1〜10　計20枚

見本

コグトレ　回転パズル ①-1

名前(　　　　　　　　)　　年　月　日

下のA、Bの空白に合う形を1〜6の中から選びましょう。

58

◀ 進め方

- 「回転パズル①」は、上に並べた図の白抜き部分と同じ形を、下から選んで、（　　　）の中に番号を書きます。
- 「回転パズル②」は、上の図をつくるのに必要な 2 つの図を選び、線で結びます。

◀ ここでつけたい力

- 図を回転させて同じ形をつくることで、心の中で回転させて同じ形を見つける力を養います。

◀ 指導のポイント

答　え　117〜119 ページ

- 示された図は回転しているので、心の中で回転させて形を探すように伝えましょう。
- 「回転パズル②」では、難しければ、上の図と同じ形になるように必要な部分を書き足して、それと同じ図を探しましょう。
- 実際に紙で同じ図を作成し、同じ形になるか試してみてもいいでしょう。

◀ もっとチャレンジ

『コグトレ みる・きく・想像するための認知機能強化トレーニング』（三輪書店）の「見つける」の中にある課題シート「回転パズル①②」を使ってみてください。

見つける 形さがし

ねらい ある特定の形を見つける力を養います。

のびる力 黒板の内容を書き写す、形をしっかり読み取る、など。

課題 形さがし-1～20　計 20 枚

見本

コグトレ 形さがし -1

名前(　　　　　)　　年　月　日

下の中に が5個あります。それらを見つけて

 のように線で囲みましょう。

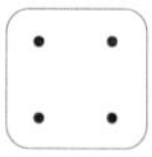

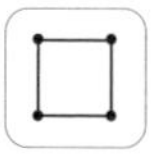

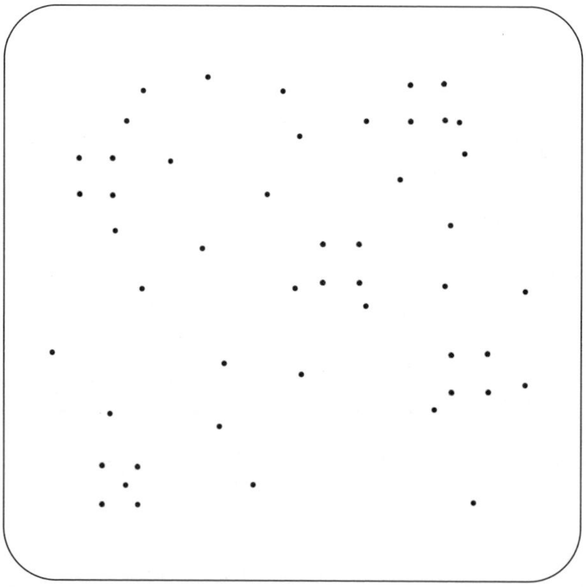

◀ 進め方

※ CD の中にある課題シートをプリントしてお使いください。

- 上に示された点の配列を、下の点の中から探し出し、線で結びます。
- 対象となる配列がいくつあるかは問題に書いてありますので、すべて見つかるまで探してみましょう。

◀ ここでつけたい力

- 黒板の内容を書き写せない子どもは、図形や文字などの形の輪郭を認識する力が弱いことがあります。ここでは不規則に並んだ点の中から同じ形を見つけ出すことで、形の恒常性を理解する力を養います。この力がつくと、大きさ、色、向きなどが変化しても、同じものは同じと認知できるようになります。
- また、対象を部分ではなく、全体でとらえる力も養います。

◀ 指導のポイント

答え 120～124 ページ

- わかりやすい箇所から結んでいきましょう。線を結んでいけば、見つけるのはより容易になりますので、落ち着いて、ていねいに取り組んでもらいましょう。
- 形が似ている配列もありますので、完全に同じものを探してもらいましょう。
- 定規は使わずフリーハンドで点と点をつないでもらいましょう。

◀ もっとチャレンジ

『コグトレ みる・きく・想像するための認知機能強化トレーニング』（三輪書店）の「見つける」の中にある課題シート「形さがし」を使ってみてください。

◀ やってみよう

『やさしいコグトレ 認知機能強化トレーニング』（三輪書店）の「見つける」の中にある課題シート「形さがし」を使ってみてください。

見つける　違いはどこ？

見本

違いはどこ？-1

年　月　日
名前(　　　　　　)

下の2枚の絵の中に3つ違うところがあります。違うところを見つけて右側の絵に〇をしましょう。

◀ 進め方

・左の絵と右の絵を見比べて、違うところを 3 つ見つけ、右の絵に○をつけます。

◀ ここでつけたい力

・2 枚の絵の違いを見つけることで、視空間認知力を養います。
・細かな点まで注意して見ることで、注意力や集中力を養います。

◀ 指導のポイント

答　え　125〜129 ページ

・形の違いだけでなく、位置関係の違いなどにも注意してもらいましょう。
・次の「同じ絵はどれ？」はより難しくなります。この課題が確実にできるように練習してから次に進みましょう。
・時間制限はありませんので、一度にわからなくても時間をおいて考えてもらいましょう。

◀ もっとチャレンジ

『コグトレ みる・きく・想像するための認知機能強化トレーニング』（三輪書店）の「見つける」の中にある「違いはどこ？」を使ってみてください。

◀ やってみよう

『やさしいコグトレ 認知機能強化トレーニング』（三輪書店）の「見つける」の中にある課題シート「同じ絵はどれ？①②」や、『もっとやさしいコグトレ 思考力や社会性の基礎を養う認知機能強化トレーニング』（三輪書店）の「見つける」の中にある課題シート「ちがうのはどこ？」を使ってみてください。

同じ絵はどれ？

ねらい	視覚情報から複数の対象の共通点・相違点を見つける力、観察力を養います。
のびる力	視覚的な見落としが減る、など。
課　題	同じ絵はどれ？−1〜20　計 20 枚

見本

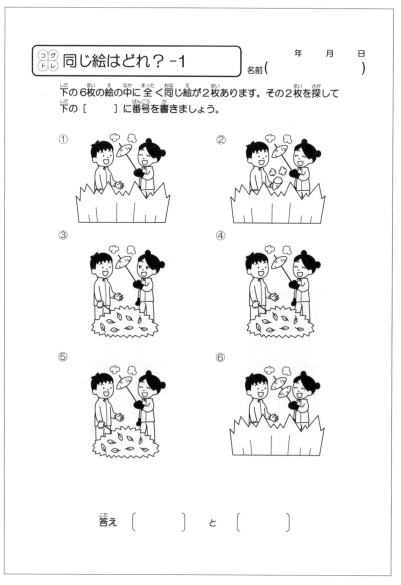

▶ 進め方

- 「同じ絵はどれ？-1～10」では6枚の中から、「同じ絵はどれ？-11～20」では8枚の絵の中から、まったく同じ絵を2枚見つけ、（　　　）の中に番号を書きます。

▶ ここでつけたい力

- 複数の絵の中から違いを探すことで、視覚情報の中から複数の対象の共通点や相違点を見つける力を養います。
- じっくりと注意深く対象物を見る、観察する力を養います。

▶ 指導のポイント

答　え　130～134ページ

- 2枚の絵を比べて、違いを1つ見つけたら、どちらの絵が他の絵と共通しているかを考えてもらうようにするといいでしょう。
- 他の絵との違いを〇で囲んでいくと、候補を減らすことができ、より見つけやすくなります。

▶ もっとチャレンジ

『コグトレ みる・きく・想像するための認知機能強化トレーニング』（三輪書店）の「見つける」の中にある課題シート「同じ絵はどれ？」を使ってみてください。

▶ やってみよう

『やさしいコグトレ 認知機能強化トレーニング』（三輪書店）の「見つける」の中にある課題シート「同じ絵はどれ？①②」や、『もっとやさしいコグトレ 思考力や社会性の基礎を養う認知機能強化トレーニング』（三輪書店）の「見つける」の中にある課題シート「ちがうえはどれ？」を使ってみてください。

想像する スタンプ

> | ねらい | 見えないものを想像する力を養います。 |
> | のびる力 | 推測する力、など。 |
> | 課 題 | スタンプ-1～10　計10枚 |

見本

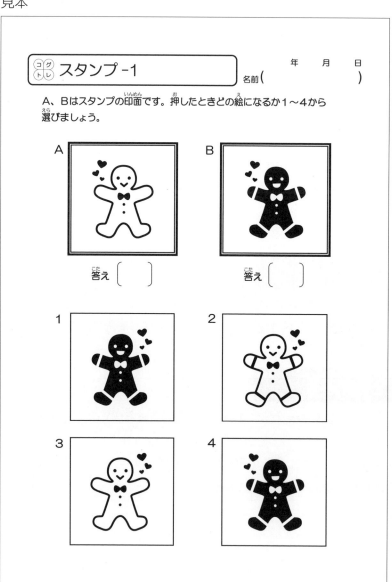

進め方

※ CD の中にある課題シートをプリントしてお使いください。

- 上に示された各スタンプを紙に押したとき、どのような模様になるかを下から選んで、（　　　）の中に番号を書きます。

ここでつけたい力

- スタンプを押せばどうなるかを考えることで、イメージする力を養います。
- ある視覚情報から他の情報を想像することを通して、見えないものを想像する力を養います。

指導のポイント

答え　135 ページ

- スタンプは元の図の鏡像になります。わかりにくければ、実際に鏡を元の図の横に置いて確認してみましょう。
- 明らかに違うもの（元の図とまったく同じものや、元の図にないものがあるなど）を先に除外して候補を減らすとわかりやすくなります。

もっとチャレンジ

『コグトレ みる・きく・想像するための認知機能強化トレーニング』（三輪書店）の「想像する」の中にある課題シート「スタンプ①②」を使ってみてください。

やってみよう

『やさしいコグトレ 認知機能強化トレーニング』（三輪書店）の「想像する」の中にある課題シート「スタンプ」を使ってみてください。

ねらい	展開図をイメージする力を養います。
のびる力	推測する力、など。
課　題	切って開いて-1～10　計10枚

見本

切って開いて -1

年　　月　　日

名前（　　　　　　　　　　）

折り紙を下のように折り、A、B のように切って、折り紙を開くとどうなるでしょうか。1〜4 から選び、（　）に番号を書きましょう。

A　（　　）

B　（　　）

1

2

3

4

進め方

※ CD の中にある課題シートをプリントしてお使いください。

- 上に示されたように折り紙を折り、線に沿って切ったとき、折り紙を開くとどのような形になるかを下から選んで、（　　　）の中に番号を書きます。

ここでつけたい力

- 折り紙を切って開くとどうなるかを考えることで、イメージする力を養います。
- ある視覚情報から他の情報を想像することを通して、見えないものを想像する力を養います。

指導のポイント

答　え　135 ページ

- わかりにくければ、実際に折り紙を使ってやってみましょう。

もっとチャレンジ

『コグトレ みる・きく・想像するための認知機能強化トレーニング』（三輪書店）の「想像する」の中にある課題シート「穴の位置①②」を使ってみてください。

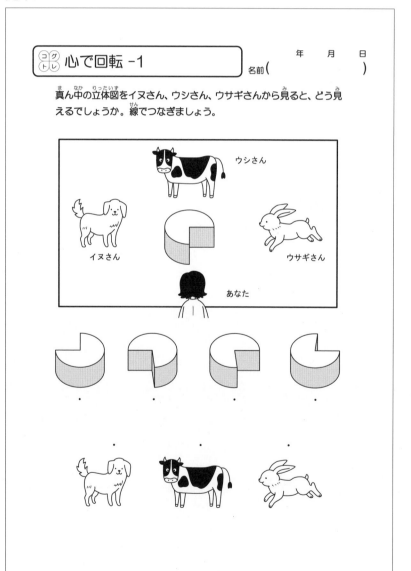

想像する 心で回転

見本

コグトレ 心で回転 −1

名前（　　　　　　　　　）

年　　月　　日

真ん中の立体図をイヌさん、ウシさん、ウサギさんから見ると、どう見えるでしょうか。線でつなぎましょう。

ウシさん

イヌさん

ウサギさん

あなた

70

※ CD の中にある課題シートをプリントしてお使いください。

- 手前にいるあなたから見た図形が、イヌさん、ウシさん、ウサギさんからはどのように見えるかを想像し、正しい組み合わせを線で結びます。

ここでつけたい力

- 違う場所にいる動物には図形がどのように見えるかを考えることで、イメージする力、心の中でイメージを回転させる力を養います。
- 違う場所にいる動物の視点を想像することを通して、他者の視点を想像する力を養います。

指導のポイント

答　え 136～140 ページ

- わかりにくければ、積木などを使って実際にそれぞれの場所に移動して確かめてみましょう。
- 回転するほど難易度が上がりますので、正面の動物（ウシさん）よりも先に左右の動物（イヌさん、ウサギさん）からイメージしたほうがわかりやすいでしょう。

もっとチャレンジ

『コグトレ みる・きく・想像するための認知機能強化トレーニング』（三輪書店）の「想像する」の中にある課題シート「心で回転①②」を使ってみてください。

順位決定戦

> **ねらい** 関係性を理解する力を養います。
> **のびる力** 比較する力、など。
> **課　題** 順位決定戦-1〜20　計 20 枚

見本

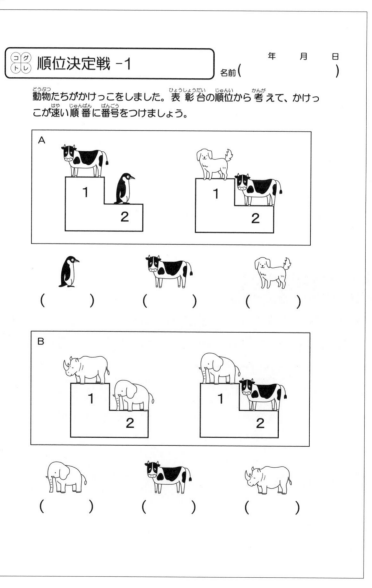

◀ 進め方

※ CD の中にある課題シートをプリントしてお使いください。

• 動物が乗った表彰台の結果をもとに、すべての動物でかけっこをしたときの順位を（　　　）の中に書きます。

◀ ここでつけたい力

• それぞれの関係性を理解して記憶しながら論理的思考を養います。

◀ 指導のポイント

答　え　141 ページ

• まず、それぞれの表彰台で 1 番の動物同士を比較して、全体の 1 番になる動物を見つけましょう。その次に、2 番、3 番、と順に比較してみましょう。

• 難しければ、動物をかけっこが速い順に描きながら、答えてもらってもいいでしょう。

◀ もっとチャレンジ

『コグトレ みる・きく・想像するための認知機能強化トレーニング』（三輪書店）の「想像する」の中にある課題シート「順位決定戦①②」を使ってみてください。

想像する 物語つくり

ねらい 時間概念や論理的思考を養います。

のびる力 断片的な情報から全体を想像する力、など。

課　題 物語つくり-1〜20　計 20 枚

見本

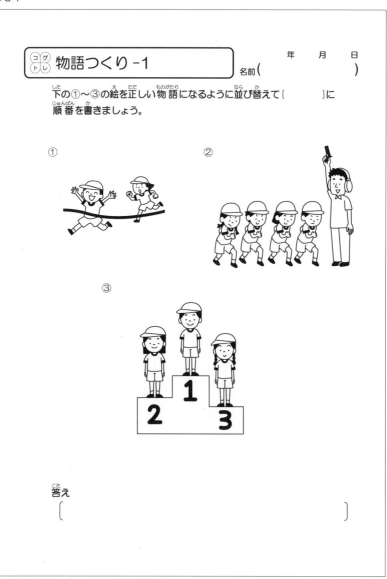

進め方

※ CD の中にある課題シートをプリントしてお使いください。

- 順番がばらばらになったイラストを、ストーリーを想像して正しい順番に並び替えて、（　　　）の中に番号を左から書きます。

ここでつけたい力

- ストーリーを想像することで、時間概念や論理的思考を養います。
- 数字の並びからあるパターンを見つける、ジグソーパズルに取り組む、ばらばらの文から全体の文章を想像する力などを養います。

指導のポイント

答　え　　141 ページ

- ストーリーの最初を見つけるのではなく、2 つのうちどちらが先かを考えてもらい、順に並べていきます。あとは「順位決定戦」と同様の方法で順番を並び替えていくように指導するといいでしょう。
- 必ず順番の前後がわかるヒントがありますので、そこに注意を向けさせます。

もっとチャレンジ

『コグトレ　みる・きく・想像するための認知機能強化トレーニング』（三輪書店）の「想像する」の中にある課題シート「物語つくり」を使ってみてください。

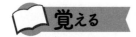

覚える

最初とポン①

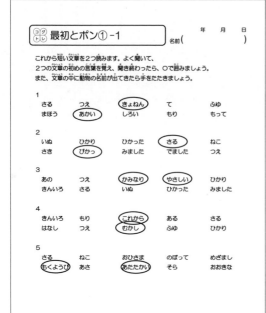

コグトレ 最初とポン① -1

名前（　　　　　　　　）　年　月　日

これから短い文章を2つ読みます。よく聞いて、
2つの文章の初めの言葉を覚え、聞き終わったら、〇で囲みましょう。
また、文章の中に動物の名前が出てきたら手をたたきましょう。

1
さる　　　つえ　　　（きょねん）　て　　　　ふゆ
まほう　　（あかい）　しろい　　　もり　　　もって

2
いぬ　　　ひかり　　ひかった　（さる）　　ねこ
さき　　（ぴかっ）　みました　でました　つえ

3
あの　　　つえ　　　（かみなり）（やさしい）　ひかり
きんいろ　さる　　　いぬ　　　ひかった　みました

4
きんいろ　もり　　（これから）　ある　　　さる
はなし　　つえ　　（むかし）　　ふゆ　　　ひかり

5
さる　　　ねこ　　　おひさま　　のぼって　めざまし
（もくようび）あさ　（あたたかい）そら　　　おおきな

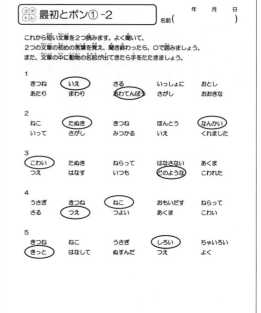

コグトレ 最初とポン① -2

名前（　　　　　　　　）　年　月　日

これから短い文章を2つ読みます。よく聞いて、
2つの文章の初めの言葉を覚え、聞き終わったら、〇で囲みましょう。
また、文章の中に動物の名前が出てきたら手をたたきましょう。

1
きつね　　（いえ）　　さる　　　いっしょに　おとし
あたり　　まわり　　（あわてんぼう）さがし　おおきな

2
ねこ　　（たぬき）　きつね　　ほんとう　（なんかい）
いって　　さがし　　みつかる　いえ　　　くれました

3
（こわい）　たぬき　　ねらって　はなさない　あくま
つえ　　　はなす　　いつも　　（どのような）こわれた

4
うさぎ　　（きつね）（ねこ）　おもいだす　ねらって
さる　　　（つえ）　つよい　　あくま　　　こわい

5
きつね　　ねこ　　　うさぎ　　（しろい）　ちゃいろい
（きっと）　はなして　ぬすんだ　つえ　　　よく

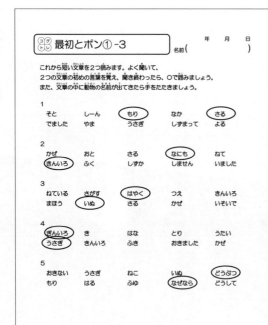

コグトレ 最初とポン① -3

名前（　　　　　　　　）　年　月　日

これから短い文章を2つ読みます。よく聞いて、
2つの文章の初めの言葉を覚え、聞き終わったら、〇で囲みましょう。
また、文章の中に動物の名前が出てきたら手をたたきましょう。

1
そと　　　しーん　　（もり）　　なか　　　（さる）
でました　やま　　　うさぎ　　しずまって　よる

2
かぜ　　　おと　　　さる　　　（なにも）　ねて
（きんいろ）ふく　　しずか　　しません　いました

3
ねている　（さがす）（はやく）　つえ　　　きんいろ
まほう　　（いぬ）　さる　　　かぜ　　　いそいで

4
（ぎんいろ）き　　　はな　　　とり　　　うたい
（うさぎ）　きんいろ　ふき　　　おきました　かぜ

5
おきない　うさぎ　　ねこ　　　（いぬ）　　（どうぶつ）
もり　　　はる　　　ふゆ　　　（なぜなら）どうして

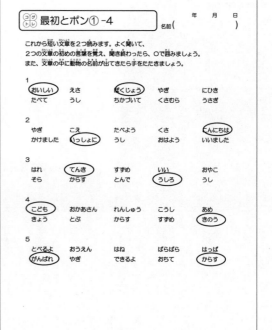

コグトレ 最初とポン① -4

名前（　　　　　　　　）　年　月　日

これから短い文章を2つ読みます。よく聞いて、
2つの文章の初めの言葉を覚え、聞き終わったら、〇で囲みましょう。
また、文章の中に動物の名前が出てきたら手をたたきましょう。

1
（おいしい）えさ　　（ぼくじょう）やぎ　　にひき
たべて　　うし　　　ちかづいて　くさむら　うさぎ

2
やぎ　　　こえ　　　たべよう　くさ　　　（こんにちは）
かけました（いっしょに）うし　　おはよう　いいました

3
はれ　　（てんき）　すずめ　　（いい）　　おやこ
そら　　　からす　　とんで　　（うしろ）　うし

4
（こども）　おかあさん　れんしゅう　こうし　　あめ
きょう　　とぶ　　　からす　　すずめ　　（きのう）

5
とべるよ　おうえん　はね　　　ばらばら　はっぱ
（がんばれ）やぎ　　　できるよ　おちて　　（からす）

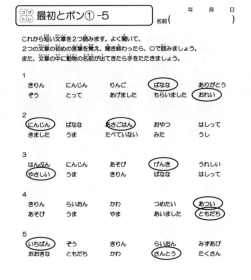
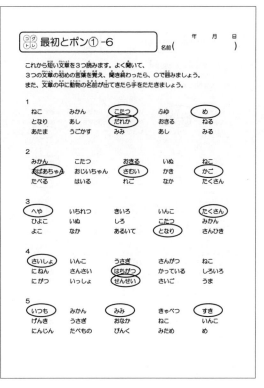
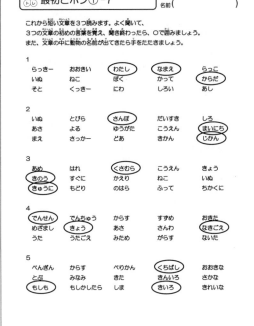
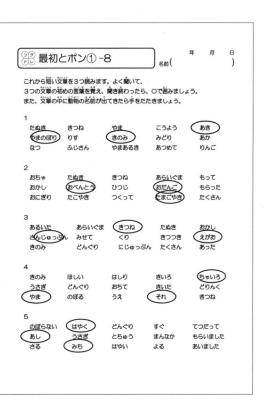

最初とポン①-5　名前(　　　　)　年　月　日

これから短い文章を2つ読みます。よく聞いて、
2つの文章の初めの言葉を覚え、聞き終わったら、〇で囲みましょう。
また、文章の中に動物の名前が出てきたら手をたたきましょう。

1
きりん　にんじん　りんご　(ばなな)　ありがとう
ぞう　とって　あげました　もらいました　(おれい)

2
(にんじん)　ばなな　(あさごはん)　おやつ　はしって
きました　うま　たべていない　みた　うし

3
はんぶん　にんじん　あそび　(げんき)　うれしい
(やさしい)　うま　きりん　ばなな　はしって

4
きりん　らいおん　かわ　つめたい　(あつい)
あそび　うま　やま　あいました　(ともだち)

5
(いちばん)　ぞう　きりん　らいおん　みずあび
おおきな　ともだち　かわ　(さんとう)　たくさん

最初とポン①-6　名前(　　　　)　年　月　日

これから短い文章を3つ読みます。よく聞いて、
3つの文章の初めの言葉を覚え、聞き終わったら、〇で囲みましょう。
また、文章の中に動物の名前が出てきたら手をたたきましょう。

1
ねこ　みかん　(こたつ)　ふゆ　(め)
となり　あし　(だれか)　おきる　ねる
あたま　うごかす　みみ　あし　みる

2
みかん　こたつ　(おきる)　いぬ　ねこ
(おばあちゃん)　おじいちゃん　(さむい)　かき　(かご)
たべる　はいる　れご　なか　たくさん

3
(へや)　いちれつ　きいろ　いんこ　(たくさん)
ひよこ　いぬ　しろ　こたつ　みかん
よこ　なか　あるいて　(となり)　さんびき

4
(さいしょ)　いんこ　(うさぎ)　さんがつ　ねこ
にねん　さんさい　(はちがつ)　かっている　しろいろ
にがつ　いっしょ　(せんせい)　さいご　うま

5
(いつも)　みかん　(みみ)　きゃべつ　(すき)
げんき　うさぎ　おなか　ねこ　いんこ
にんじん　たべもの　ぴんく　みため　め

最初とポン①-7　名前(　　　　)　年　月　日

これから短い文章を3つ読みます。よく聞いて、
3つの文章の初めの言葉を覚え、聞き終わったら、〇で囲みましょう。
また、文章の中に動物の名前が出てきたら手をたたきましょう。

1
らっきー　おおきい　(わたし)　(なまえ)　(らっこ)
いぬ　ねこ　ぼく　かって　(からだ)
そと　くっきー　にわ　しろい　あし

2
いぬ　とびら　(さんぽ)　だいすき　しろ
あさ　よる　ゆうがた　こうえん　(まいにち)
まえ　さっかー　どあ　きかん　(じかん)

3
あめ　はれ　(くさむら)　こうえん　きょう
(きのう)　すぐに　かえり　ねこ　いぬ
(きゅうに)　もどり　のはら　ふって　ちかくに

4
でんせん　でんちゅう　からす　すずめ　おきた
めざまし　(きょう)　あさ　さんわ　(なきごえ)
うた　うたごえ　みため　がらす　ないた

5
ぺんぎん　からす　ぺりかん　(くちばし)　おおきな
とぶ　みなみ　きた　(きんいろ)　さかな
(もしも)　もしかしたら　しま　きいろ　きれいな

最初とポン①-8　名前(　　　　)　年　月　日

これから短い文章を3つ読みます。よく聞いて、
3つの文章の初めの言葉を覚え、聞き終わったら、〇で囲みましょう。
また、文章の中に動物の名前が出てきたら手をたたきましょう。

1
たぬき　きつね　やま　こうよう　(あき)
(やまのぼり)　りす　(きのみ)　みどり　あか
なつ　ふじさん　やまあるき　あつめて　りんご

2
おちゃ　たぬき　きつね　あらいぐま　もって
おかし　(おべんとう)　ひつじ　(おだんご)　もらった
おにぎり　たこやき　つくって　(たまごやき)　たくさん

3
あるいた　あらいぐま　(きつね)　たぬき　おかし
(さんじゅっぷん)　みせて　くり　きつつき　(えがお)
きのみ　どんぐり　にじゅっぷん　たくさん　あった

4
きのみ　ほしい　はしり　きいろ　(ちゃいろ)
うさぎ　どんぐり　おちて　きいた　どりんく
(やま)　のぼる　うえ　(それ)　きつね

5
のぼらない　(はやく)　どんぐり　すぐ　てつだって
(あし)　(うさぎ)　とちゅう　まんなか　もらいました
さる　(みち)　はやい　よる　あいました

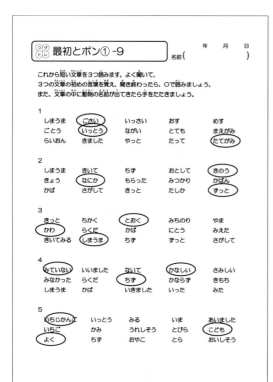

最初とポン①-9　名前(　　　　　)　年　月　日

これから短い文章を3つ読みます。よく聞いて、
3つの文章の初めの言葉を覚え、聞き終わったら、○で囲みましょう。
また、文章の中に動物の名前が出てきたら手をたたきましょう。

1
しまうま	(ごさい)	いっさい	おす	めす
ごとう	(いっとう)	ながい	とても	まえがみ
らいおん	きました	やっと	たって	(たてがみ)

2
しまうま	きいて	ちず	おとして	(きのう)
きょう	(なにか)	もらった	みつかり	かばん
かば	さがして	きっと	たしか	(ずっと)

3
きっと	ちかく	(とおく)	みちのり	やま
(かわ)	らくだ	かば	にとう	みえた
きいてみる	(しまうま)	ちず	すっと	さがして

4
(みていない)	いいました	(ないて)	(かなしい)	さみしい
みなかった	らくだ	(ちず)	かならず	きもち
しまうま	かば	いきました	いった	みた

5
(いちじかん)	いっとう	みる	いま	(あいました)
いちご	かみ	うれしそう	とびら	(こども)
(よく)	ちず	おやこ	とら	おいしそう

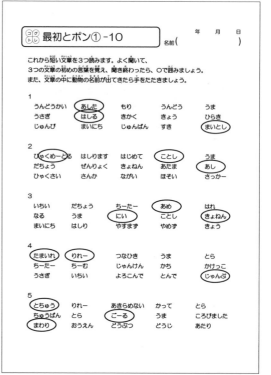

最初とポン①-10　名前(　　　　　)　年　月　日

これから短い文章を3つ読みます。よく聞いて、
3つの文章の初めの言葉を覚え、聞き終わったら、○で囲みましょう。
また、文章の中に動物の名前が出てきたら手をたたきましょう。

1
うんどうかい	(あした)	もり	うんどう	うま
うさぎ	(はしる)	きかく	きょう	ひらき
じゅんび	まいにち	じゅんばん	すき	(まいとし)

2
(ぴゃくめーとる)	はしります	はじめて	(ことし)	うま
だちょう	ぜんりょく	きょねん	あたま	(あし)
ひゃくさい	さんか	ながい	ほそい	さっかー

3
いちい	だちょう	(ちーたー)	あめ	はれ
なる	うま	(にい)	ことし	(きょねん)
まいにち	はしり	やすます	やめず	きょう

4
(たまいれ)	(りれー)	つなひき	うま	とら
ちーたー	ちーむ	じゃんけん	かち	かけっこ
うさぎ	いちい	よろこんで	とんで	(じゃんぷ)

5
(とちゅう)	りれー	あきらめない	かって	とら
ちゅうばん	とら	(ごーる)	うま	ころびました
(まわり)	おうえん	どうぶつ	どうじ	あたり

最初とポン②

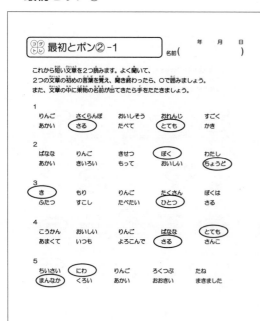

最初とポン②-1　名前(　　　　　)　年　月　日

これから短い文章を2つ読みます。よく聞いて、
2つの文章の初めの言葉を覚え、聞き終わったら、○で囲みましょう。
また、文章の中に果物の名前が出てきたら手をたたきましょう。

1
| りんご | (さくらんぼ) | おいしそう | (おれんじ) | すごく |
| あかい | (さる) | たべて | (とても) | かき |

2
| ばなな | りんご | きせつ | (ぼく) | わたし |
| あかい | きいろい | もって | おいしい | (ちょうど) |

3
| (き) | もり | りんご | (たくさん) | ぼくは |
| ふたつ | すこし | たべたい | (ひとつ) | さる |

4
| こうかん | おいしい | りんご | (ばなな) | (とても) |
| あまくて | いつも | よろこんで | (さる) | さんこ |

5
| ちいさい | (にわ) | りんご | ろくつぶ | たね |
| (まんなか) | くろい | あかい | おおきい | まきました |

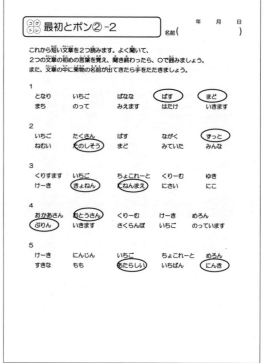

最初とポン②-2　名前(　　　　　)　年　月　日

これから短い文章を2つ読みます。よく聞いて、
2つの文章の初めの言葉を覚え、聞き終わったら、○で囲みましょう。
また、文章の中に果物の名前が出てきたら手をたたきましょう。

1
| となり | いちご | ばなな | (ばす) | (まど) |
| まち | のって | みえます | はたけ | いきます |

2
| いちご | (たくさん) | ばす | ながく | (ずっと) |
| ねむい | (たのしそう) | まど | みていた | みんな |

3
| くりすます | いちご | ちょこれーと | くりーむ | ゆき |
| けーき | (きょねん) | (ねんまえ) | にさい | にこ |

4
| おかあさん | (おとうさん) | くりーむ | けーき | めろん |
| (ぷりん) | いきます | さくらんぼ | いちご | のっています |

5
| けーき | にんじん | いちご | ちょこれーと | めろん |
| すきな | もも | (あたらしい) | いちばん | (にんき) |

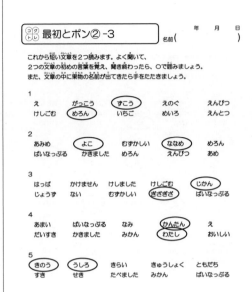

最初とポン②-3　名前(　　　　　　)　年　月　日

これから短い文章を2つ読みます。よく聞いて、
2つの文章の初めの言葉を覚え、聞き終わったら、○で囲みましょう。
また、文章の中に果物の名前が出てきたら手をたたきましょう。

1
え　がっこう　ずこう　えのぐ　えんぴつ
けしごむ　めろん　いちご　めいろ　えんとつ

2
あめめ　よこ　むずかしい　ななめ　めろん
ぱいなっぷる　かきました　めろん　えんぴつ　あめ

3
はっぱ　かけません　けしました　けしごむ　じかん
じょうず　ない　むずかしい　ぎざぎざ　ぱいなっぷる

4
あまい　ぱいなっぷる　なみ　かんたん　え
だいすき　かきました　みかん　わたし　おいしい

5
きのう　うしろ　きらい　きゅうしょく　ともだち
すき　せき　たべました　みかん　ぱいなっぷる

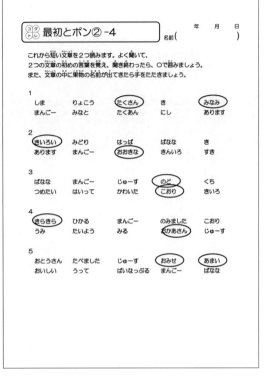

最初とポン②-4　名前(　　　　　　)　年　月　日

これから短い文章を2つ読みます。よく聞いて、
2つの文章の初めの言葉を覚え、聞き終わったら、○で囲みましょう。
また、文章の中に果物の名前が出てきたら手をたたきましょう。

1
しま　りょこう　たくさん　き　みなみ
まんごー　みなと　たくあん　にし　あります

2
きいろい　みどり　はっぱ　ばなな　き
あります　まんごー　おおきな　きんいろ　すき

3
ばなな　まんごー　じゅーす　のど　くち
つめたい　はいって　かわいた　こおり　きいろ

4
きらきら　ひかる　まんごー　のみました　こおり
うみ　たいよう　みる　おかあさん　じゅーす

5
おとうさん　たべました　じゅーす　おみせ　あまい
おいしい　うって　ぱいなっぷる　まんごー　ばなな

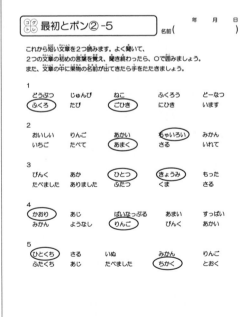

最初とポン②-5　名前(　　　　　　)　年　月　日

これから短い文章を2つ読みます。よく聞いて、
2つの文章の初めの言葉を覚え、聞き終わったら、○で囲みましょう。
また、文章の中に果物の名前が出てきたら手をたたきましょう。

1
どうぶつ　じゅんび　ねこ　ふくろう　どーなつ
ふくろ　たび　ごひき　にひき　います

2
おいしい　りんご　あかい　きゃいろい　みかん
いちご　たべて　あまく　さる　いれて

3
ぴんく　あか　ひとつ　きょうみ　もった
たべました　ありました　ふたつ　くま　さる

4
かおり　あじ　ぱいなっぷる　あまい　すっぱい
みかん　ようなし　りんご　ぴんく　あかい

5
ひとくち　さる　いぬ　みかん　りんご
ふたくち　あじ　たべました　ちかく　とおく

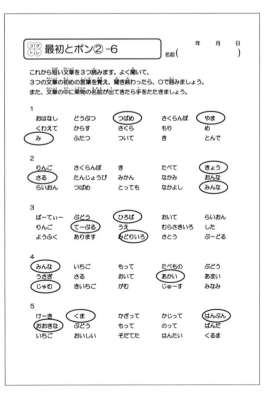

最初とポン②-6　名前(　　　　　　)　年　月　日

これから短い文章を3つ読みます。よく聞いて、
3つの文章の初めの言葉を覚え、聞き終わったら、○で囲みましょう。
また、文章の中に果物の名前が出てきたら手をたたきましょう。

1
おはなし　どうぶつ　つばめ　さくらんぼ　やま
くわえて　からす　さくら　もり　め
み　ふたつ　ついて　き　とんで

2
りんご　さくらんぼ　き　たべて　きょう
さる　たんじょうび　みかん　なかみ　おんな
らいおん　つばめ　とっても　なかよし　みんな

3
ぱーてぃー　ぶどう　ひろば　おいて　らいおん
りんご　てーぶる　うえ　むらさきいろ　した
ようふく　あります　みどりいろ　さとう　ぷーどる

4
みんな　いちご　もって　たべもの　ぶどう
うさぎ　さる　おいて　あかい　あまい
じゃむ　きいちご　がむ　じゅーす　みなみ

5
けーき　くま　かざって　かじって　はんぶん
おおきな　ぶどう　もって　のって　ぱんだ
いちご　おいしい　そだてた　はんたい　くるま

最初とポン②-7

名前（　　　　　）　年　月　日

これから短い文章を3つ読みます。よく聞いて、
3つの文章の初めの言葉を覚え、聞き終わったら、○で囲みましょう。
また、文章の中に果物の名前が出てきたら手をたたきましょう。

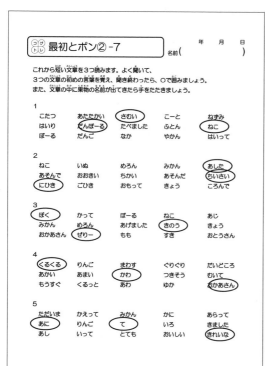

1
こたつ	あたたかい	さむい	こーと	ねずみ
はいり	そんぼーる	たべました	ふとん	ねこ
ぼーる	だんご	なか	やかん	はいって

2
ねこ	いぬ	めろん	みかん	あした
あそんで	おおきい	ちかい	あそんだ	ちいさい
にひき	ごひき	おもって	きょう	ころんで

3
ぼく	かって	ぼーる	ねこ	あじ
みかん	めろん	あげました	きのう	きょう
おかあさん	ぜりー	もも	すき	おとうさん

4
くるくる	りんご	まわす	ぐりぐり	だいどころ
あかい	あまい	かわ	つきそう	むいて
もうすぐ	くるっと	あわ	ゆか	おかあさん

5
ただいま	かえって	みかん	かに	あらって
あに	りんご	て	いろ	きました
あし	いって	とても	おいしい	きれいな

最初とポン②-8

名前（　　　　　）　年　月　日

これから短い文章を3つ読みます。よく聞いて、
3つの文章の初めの言葉を覚え、聞き終わったら、○で囲みましょう。
また、文章の中に果物の名前が出てきたら手をたたきましょう。

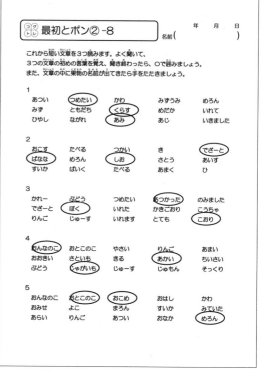

1
あつい	つめたい	かわ	みずうみ	めろん
みず	ともだち	くらす	めだか	いれて
ひやし	ながれ	あみ	あじ	いきました

2
おこす	たべる	つかい	き	でざーと
ばなな	めろん	しお	さとう	あいす
すいか	ばいく	たべる	あまく	ひ

3
かれー	ぶどう	つめたい	みつかった	のみました
でざーと	ぼく	いれた	かきごおり	こうちゃ
りんご	じゅーす	いれます	とても	こおり

4
おんなのこ	おとこのこ	やさい	りんご	あまい
おおきい	さといも	きる	あかい	ちいさい
ぶどう	じゃがいも	じゅーす	じゅもん	そっくり

5
おんなのこ	おとこのこ	おこめ	おはし	かわ
おみせ	よこ	まろん	すいか	みていた
あらい	りんご	あつい	おなか	めろん

最初とポン②-9

名前（　　　　　）　年　月　日

これから短い文章を3つ読みます。よく聞いて、
3つの文章の初めの言葉を覚え、聞き終わったら、○で囲みましょう。
また、文章の中に果物の名前が出てきたら手をたたきましょう。

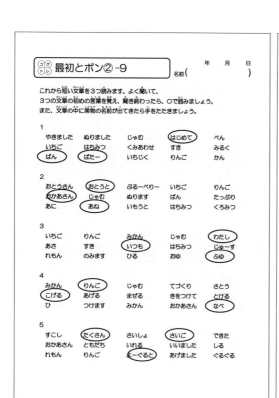

1
やきました	ぬりました	じゃむ	はじめて	ぺん
いちご	はちみつ	くみあわせ	すき	みるく
ぱん	ばたー	いちじく	りんご	かん

2
おとうさん	おとうと	ぶるーべりー	いちご	りんご
おかあさん	じゃむ	ぬります	ぱん	たっぷり
あに	あね	いもうと	はちみつ	くろみつ

3
いちご	りんご	みかん	じゃむ	わたし
あさ	すき	いつも	はちみつ	じゅーす
れもん	のみます	ひる	おゆ	ふゆ

4
みかん	りんご	じゃむ	てづくり	さとう
こげる	あげる	まぜる	きをつけて	とける
ひ	つけます	みかん	おかあさん	なべ

5
すこし	たくさん	さいしょ	さいご	できた
おかあさん	ともだち	いれる	いいました	しる
れもん	りんご	ぐーぐると	あげました	ぐるぐる

最初とポン②-10

名前（　　　　　）　年　月　日

これから短い文章を3つ読みます。よく聞いて、
3つの文章の初めの言葉を覚え、聞き終わったら、○で囲みましょう。
また、文章の中に果物の名前が出てきたら手をたたきましょう。

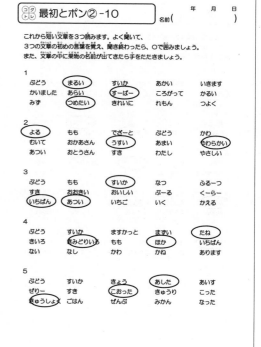

1
ぶどう	まるい	すいか	あかい	いきます
かいました	あらい	すーぱー	ころがって	かるい
みず	つめたい	きれいに	れもん	つよく

2
よる	もも	でざーと	ぶどう	かわ
むいて	おかあさん	うすい	あまい	やわらかい
あつい	おとうさん	すき	わたし	やさしい

3
ぶどう	もも	すいか	なつ	ふるーつ
すき	おおきい	おいしい	ぼーる	くーらー
いちばん	あつい	いちご	いく	かえる

4
ぶどう	すいか	ますかっと	まずい	たね
きいろ	きみどりいろ	もも	ほか	いちばん
ない	なし	かわ	かね	あります

5
ぶどう	すいか	きょう	あした	あいす
ぜりー	すき	こおった	きゅうり	こった
きゅうしょく	ごはん	ぜんぶ	みかん	なった

82

最初とポン③

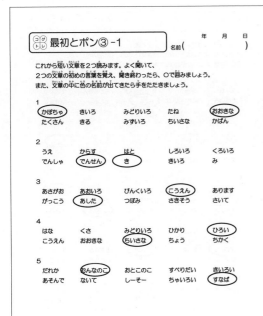

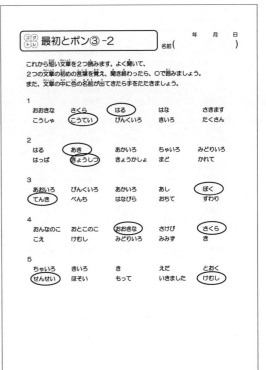

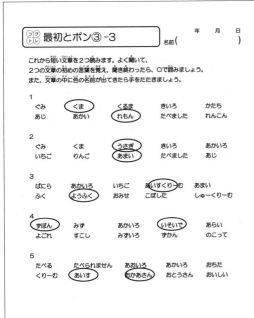

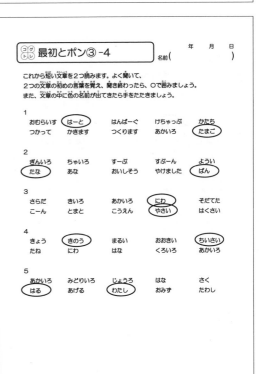

これから短い文章を2つ読みます。よく聞いて、
2つの文章の初めの言葉を覚え、聞き終わったら、○で囲みましょう。
また、文章の中に色の名前が出てきたら手をたたきましょう。

1
こい　(いけ)　(しろいろ)　あかいろ　もよう
おおきな　いわ　(せなか)　おなか　ます

2
おおきく　(えさ)　こい　くろいろ　(あけて)
あげる　ほしい　ちかづいて　くび　(くち)

3
(きらきら)　きんいろ　ぴかぴか　ちかづいて　(とおく)
ひかって　もよう　ちかく　きいろ　はやく

4
おうさま　いけ　(きんいろ)　とても　とおく
(おおきく)　おじいさん　ひげ　はえて　こい

5
おおきい　(ちいさい)　ちかづいて　しろいろ　(くろいろ)
うしろ　えさ　きんいろ　まって　くさ

これから短い文章を3つ読みます。よく聞いて、
3つの文章の初めの言葉を覚え、聞き終わったら、○で囲みましょう。
また、文章の中に色の名前が出てきたら手をたたきましょう。

1
らーめん　みそ　(おとうさん)　おかあさん　てぶくろ
ちゃいろ　くろいろ　(さむい)　たべに　いきます
おふくろ　しています　(おなじ)　おやじ　からい

2
そと　(おみせ)　かんばん　なか　(もじ)
あかいろ　しろいろ　あさ　ひる　(よる)
あじ　まど　かんらん　あかるい　つきます

3
(てんない)　ぼうし　くろいろ　あかいろ　(とびら)
(てんいん)　あいさつ　とだな　かんばん　かぶって
えんぴつ　ようふく　さろん　(えぷろん)　えきいん

4
えび　(くび)　きいろ　ちゃいろ　まふらー
(きていた)　まいた　(てぶくろ)　おてふき　めにゅー
ぬぎ　とり　こーと　おとうさん　もって

5
(ちゃいろ)　(くろいろ)　(らーめん)　こーと　まふらー
かけました　(かべ)　かいだん　はいいろ　あかいろ
はんがー　ちゃーはん　ちゅうもん　ちゅうか　つくります

これから短い文章を3つ読みます。よく聞いて、
3つの文章の初めの言葉を覚え、聞き終わったら、○で囲みましょう。
また、文章の中に色の名前が出てきたら手をたたきましょう。

1
かみ　(がっこう)　がっきゅう　え　しろいろ
ちゃいろ　かきます　れんしゅう　(めんぼう)　てがみ
(てつぼう)　うんてい　きいろ　(さかあがり)　さかだち

2
(えのぐ)　えんぴつ　くろいろ　(しろいろ)　(つかいます)
ぬります　いろ　つかって　(したがき)　(みず)
したじき　たちあがり　いれよう　みずいろ　すす

3
ぼうし　(くるま)　した　まえ　(せいもん)
はいって　(かぜ)　からす　くろいろ　あかいろ
(ぼく)　おもいました　どうぐ　わたし　ぼう

4
くろいろ　え　うえ　(えだ)　いれました
(ちゃいろ)　て　した　おちて　(じめん)
くるま　ねころび　ねこ　き　のばします

5
すこし　うごく　(てつだって)　(あかいろ)　(つち)
でて　くろいろ　(ぼうし)　(せんせい)　すごく
せいもん　ちゃいろ　よごれて　つえ　くち

これから短い文章を3つ読みます。よく聞いて、
3つの文章の初めの言葉を覚え、聞き終わったら、○で囲みましょう。
また、文章の中に色の名前が出てきたら手をたたきましょう。

1
あいす　しかく　れいぞうこ　(れいとうこ)　(あかいろ)
しろいろ　はこ　ちょこれーと　たべられる　ひやして
ちゃいろ　さんかく　(ひとくち)　ひとつ　たべる

2
すーぱーまーけっと　かご　きいろ　(ぴーまん)　あさ
(ゆうがた)　いきました　いれました　はいって　かーと
ぴんく　みどりいろ　(はいいろ)　あいろん　のせて

3
やさい　(ぼく)　ごぼう　たくさん　とまと
(しらない)　きいろ　あかいろ　すっぱい　(しょっぱい)
たくあん　にく　おもい　すりっぱ　(あじ)

4
ふるーつ　ちかく　(とまと)　あります　ちゃいろ
やまいも　すいか　(やさい)　(きいろ)　(あかいろ)
おなじ　ありました　はくさい　あじ　やさしい

5
あかいろ　たべた　きいろ　(すいか)　とまと
ふるーつ　かって　おとうさん　たべる　あと
(おかあさん)　きって　でーた　たのしみ　(でざーと)

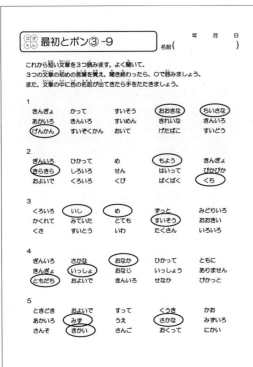

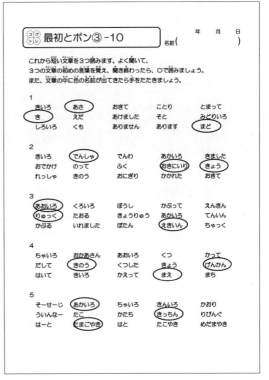

正しいのはどっち？

1　1：ゆうとさん
　　2：じゅんさん
　　3：だいごさん

2　1：あいさん
　　2：サルさん
　　3：東京

3　1：しょうたさん
　　2：文房具屋さん
　　3：りんさん

4　1：ゆいさん
　　2：たくやさん
　　3：お姉さん

5　1：お兄さん
　　2：だいごさん
　　3：めいさん

何が一番？

1　1：さとしさん
　　2：ウサギさん
　　3：まさきさん

2　1：メロン
　　2：ひなたさん
　　3：音楽

3　1：クロワッサン
　　2：たろうさん
　　3：あかりさん

4　1：ピンク色
　　2：四角いクッション
　　3：黄色

5　1：三角形
　　2：ピンク色
　　3：赤色

何が何番？

1
1：じゃがいも
2：めいさん
3：さとるさん

2
1：ななこさん
2：あさひさん
3：赤組

3
1：弟
2：昨日
3：月曜日

4
1：算数
2：C 組
3：けいたさん

5
1：梅
2：お母さん
3：オレンジ色

どこが何？

1
1：3 番目
2：弟
3：しょうさん

2
1：チョコレートケーキ
2：2 番目
3：算数

3
1：青色
2：あやかさん
3：たけるさん

4
1：映画館
2：小説
3：かぼちゃ

5
1：グレーのコートを着た男性
2：3 階
3：急流すべり

まとめる

1	○ : 4	6	○ : 5
	🍎 : 16		🍎 : 25
2	○ : 5	7	○ : 5
	🍎 : 20		🍎 : 25
3	○ : 5	8	○ : 4
	🍎 : 20		🍎 : 24
4	○ : 6	9	○ : 4
	🍎 : 24		🍎 : 24
5	○ : 4	10	○ : 5
	🍎 : 20		🍎 : 30

あいう算

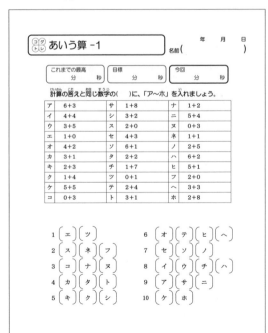

87

あいう算 -3

名前（　　　　　　　）　年　月　日

これまでの最高　分　秒　｜　目標　分　秒　｜　今回　分　秒

計算の答えと同じ数字の（　）に、「ア〜ホ」を入れましょう。

ア	8+1	サ	4+1	ナ	3+1
イ	2+2	シ	4+2	ニ	8+2
ウ	6+2	ス	1+5	ヌ	0+2
エ	3+3	セ	2+1	ネ	6+3
オ	1+6	ソ	3+2	ノ	5+4
カ	7+1	タ	1+0	ハ	4+3
キ	5+2	チ	4+6	ヒ	3+0
ク	1+3	ツ	4+4	フ	5+5
ケ	1+1	テ	2+5	ヘ	1+4
コ	7+2	ト	1+2	ホ	2+2

1 （タ）
2 （ケ）（ヌ）
3 （セ）（ト）（ヒ）
4 （イ）（ク）（ナ）（ホ）
5 （サ）（ソ）（ヘ）
6 （エ）（シ）（ス）
7 （オ）（キ）（テ）（ハ）
8 （ウ）（カ）
9 （ア）（コ）（ネ）（ノ）
10 （チ）（ニ）（フ）

あいう算 -4

名前（　　　　　　　）　年　月　日

これまでの最高　分　秒　｜　目標　分　秒　｜　今回　分　秒

計算の答えと同じ数字の（　）に、「ア〜ホ」を入れましょう。

ア	2+1	サ	3+6	ナ	4+3
イ	8+2	シ	1+6	ニ	0+4
ウ	1+4	ス	3+7	ヌ	3+3
エ	4+3	セ	5+3	ネ	1+1
オ	2+2	ソ	1+5	ノ	5+0
カ	1+9	タ	2+0	ハ	1+2
キ	5+2	チ	9+1	ヒ	2+2
ク	2+3	ツ	3+1	フ	0+1
ケ	7+1	テ	1+0	ヘ	2+7
コ	4+2	ト	5+4	ホ	3+0

1 （テ）（フ）
2 （タ）（ネ）
3 （ア）（ハ）（ホ）
4 （オ）（ツ）（ニ）（ヒ）
5 （ウ）（ク）（ノ）
6 （コ）（ソ）（ヌ）
7 （エ）（キ）（シ）（ナ）
8 （ケ）（セ）（チ）
9 （サ）（ト）（ヘ）
10 （イ）（カ）（ス）

あいう算 -5

名前（　　　　　　　）　年　月　日

これまでの最高　分　秒　｜　目標　分　秒　｜　今回　分　秒

計算の答えと同じ数字の（　）に、「ア〜ホ」を入れましょう。

ア	1+7	サ	2+2	ナ	8+2
イ	2+4	シ	1+0	ニ	2+5
ウ	3+1	ス	2+6	ヌ	3+2
エ	2+0	セ	5+4	ネ	7+3
オ	1+8	ソ	1+2	ノ	1+6
カ	0+1	タ	9+1	ハ	5+3
キ	1+4	チ	1+3	ヒ	2+1
ク	3+3	ツ	6+3	フ	1+4
ケ	5+0	テ	5+1	ヘ	4+4
コ	1+1	ト	6+0	ホ	0+7

1 （カ）（シ）
2 （エ）（コ）
3 （ソ）（ヒ）
4 （ウ）（サ）（チ）
5 （キ）（ケ）（ヌ）（フ）
6 （イ）（ク）（テ）（ト）
7 （ニ）（ノ）（ホ）
8 （ア）（ス）（ハ）（ヘ）
9 （オ）（セ）（ツ）
10 （タ）（ナ）（ネ）

あいう算 -6

名前（　　　　　　　）　年　月　日

これまでの最高　分　秒　｜　目標　分　秒　｜　今回　分　秒

計算の答えと同じ数字の（　）に、「ア〜ホ」を入れましょう。

ア	1+7	サ	3+8	ナ	1+1
イ	3+1	シ	0+1	ニ	4+0
ウ	5+6	ス	2+7	ヌ	3+4
エ	6+3	セ	7+1	ネ	4+1
オ	8+1	ソ	6+5	ノ	6+6
カ	2+6	タ	2+4	ハ	5+2
キ	5+0	チ	9+1	ヒ	2+2
ク	1+2	ツ	3+4	フ	3+2
ケ	2+4	テ	8+2	ヘ	2+1
コ	7+5	ト	1+5	ホ	4+8

1 （シ）
2 （ナ）
3 （ク）（ヘ）
4 （イ）（ニ）（ヒ）
5 （キ）（ネ）（フ）
6 （ケ）（タ）（ト）
7 （ツ）（ヌ）（ハ）
8 （ア）（カ）（セ）
9 （エ）（オ）（ス）
10 （チ）（テ）
11 （ウ）（サ）（ソ）
12 （コ）（ノ）（ホ）

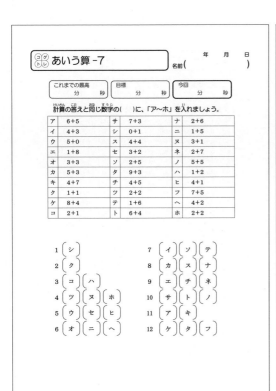

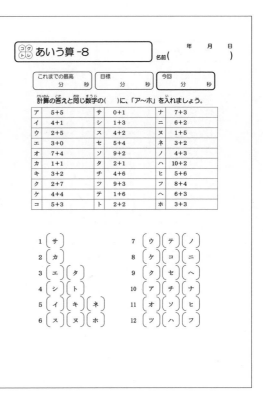

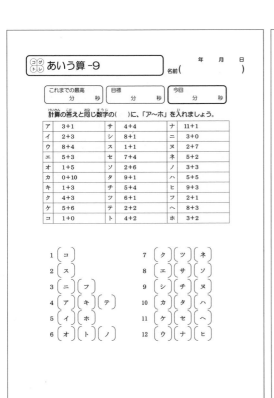

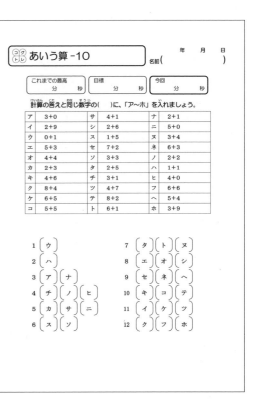

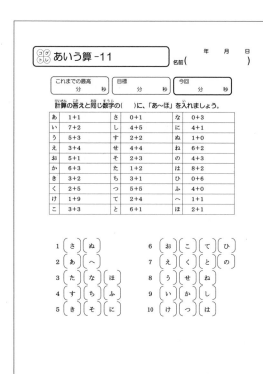

あいう算 -11

名前( )　　年　月　日

| これまでの最高 分 秒 | 目標 分 秒 | 今回 分 秒 |

計算の答えと同じ数字の( )に、「あ～ほ」を入れましょう。

あ	1+1	さ	0+1	な	0+3
い	7+2	し	4+5	に	4+1
う	5+3	す	2+2	ぬ	1+0
え	3+4	せ	4+4	ね	4+3
お	5+1	そ	2+3	の	4+3
か	6+3	た	1+2	は	8+2
き	3+2	ち	3+1	ひ	0+6
く	2+5	つ	5+5	ふ	4+0
け	1+9	て	2+4	へ	1+1
こ	3+3	と	6+1	ほ	2+1

1 （さ）（ぬ）
2 （あ）（へ）
3 （た）（な）（ほ）
4 （す）（ち）（ふ）
5 （き）（そ）（に）
6 （お）（こ）（て）（ひ）
7 （え）（く）（と）（の）
8 （う）（せ）（ね）
9 （い）（か）（し）
10 （け）（つ）（は）

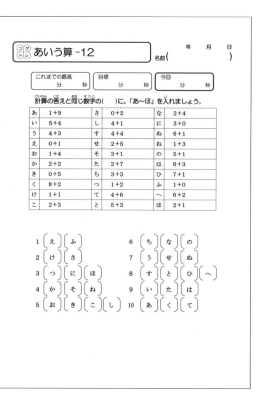

あいう算 -12

名前( )　　年　月　日

| これまでの最高 分 秒 | 目標 分 秒 | 今回 分 秒 |

計算の答えと同じ数字の( )に、「あ～ほ」を入れましょう。

あ	1+9	さ	0+2	な	2+4
い	5+4	し	4+1	に	3+0
う	4+3	す	4+4	ぬ	6+1
え	0+1	せ	2+5	ね	1+3
お	1+4	そ	3+1	の	5+1
か	2+2	た	2+7	は	6+3
き	5+1	ち	5+3	ひ	7+1
く	8+2	つ	1+2	ふ	1+0
け	1+1	て	4+6	へ	6+2
こ	2+3	と	5+3	ほ	2+1

1 （え）（ふ）
2 （け）（さ）
3 （つ）（に）（ほ）
4 （か）（そ）（ね）
5 （お）（き）（こ）（し）
6 （ち）（な）（の）
7 （う）（せ）（ぬ）
8 （す）（と）（ひ）（へ）
9 （い）（た）（は）
10 （あ）（く）（て）

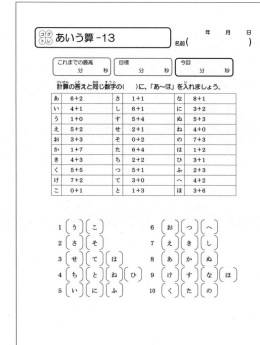

あいう算 -13

名前( )　　年　月　日

| これまでの最高 分 秒 | 目標 分 秒 | 今回 分 秒 |

計算の答えと同じ数字の( )に、「あ～ほ」を入れましょう。

あ	6+2	さ	1+1	な	8+1
い	4+1	し	6+1	に	3+2
う	1+0	す	5+4	ぬ	5+3
え	5+2	せ	2+1	ね	4+0
お	3+3	そ	0+2	の	7+3
か	1+7	た	6+4	は	1+2
き	4+3	ち	3+1	ひ	3+1
く	5+5	つ	5+1	ふ	2+3
け	7+2	て	3+0	へ	4+2
こ	0+1	と	1+3	ほ	3+6

1 （う）（こ）
2 （さ）（そ）
3 （せ）（て）（は）
4 （ち）（と）（ね）（ひ）
5 （い）（に）（ふ）
6 （お）（つ）（へ）
7 （え）（き）（し）
8 （あ）（か）（ぬ）
9 （け）（す）（な）（ほ）
10 （く）（た）（の）

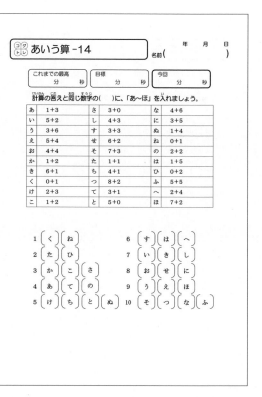

あいう算 -14

名前( )　　年　月　日

| これまでの最高 分 秒 | 目標 分 秒 | 今回 分 秒 |

計算の答えと同じ数字の( )に、「あ～ほ」を入れましょう。

あ	1+3	さ	3+0	な	4+6
い	5+2	し	4+3	に	3+5
う	3+6	す	3+3	ぬ	1+4
え	5+4	せ	6+2	ね	0+1
お	4+4	そ	7+3	の	2+2
か	1+2	た	1+1	は	1+5
き	6+1	ち	4+1	ひ	0+2
く	0+1	つ	8+2	ふ	5+5
け	2+3	て	3+1	へ	2+4
こ	1+2	と	5+0	ほ	7+2

1 （く）（ね）
2 （た）（ひ）
3 （か）（こ）（さ）
4 （あ）（て）（の）
5 （け）（ち）（と）（ぬ）
6 （す）（は）（へ）
7 （い）（き）（し）
8 （お）（せ）（に）
9 （う）（え）（ほ）
10 （そ）（つ）（な）（ふ）

あいう算 -15

これまでの最高 分 秒 ／ 目標 分 秒 ／ 今回 分 秒

計算の答えと同じ数字の(　)に、「あ～ほ」を入れましょう。

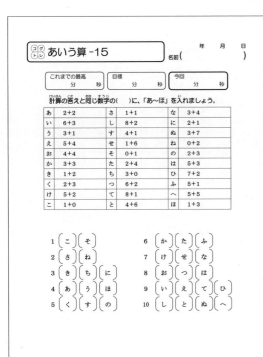

あ	2+2	さ	1+1	な	3+4
い	6+3	し	8+2	に	2+1
う	3+1	す	4+1	ぬ	3+7
え	5+4	せ	1+6	ね	0+2
お	4+4	そ	0+1	の	2+3
か	3+3	た	2+4	は	5+3
き	1+2	ち	3+0	ひ	7+2
く	2+3	つ	6+2	ふ	5+1
け	5+2	て	8+1	へ	5+5
こ	1+0	と	4+6	ほ	1+3

1 (こ)(そ)
2 (さ)(ね)
3 (き)(ち)(に)
4 (あ)(う)(ほ)
5 (く)(す)(の)
6 (か)(た)(ふ)
7 (け)(せ)(な)
8 (お)(つ)(は)
9 (い)(え)(て)(ひ)
10 (し)(と)(ぬ)(へ)

あいう算 -16

これまでの最高 分 秒 ／ 目標 分 秒 ／ 今回 分 秒

計算の答えと同じ数字の(　)に、「あ～ほ」を入れましょう。

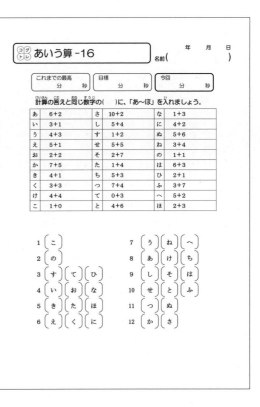

あ	6+2	さ	10+2	な	1+3
い	3+1	し	5+4	に	4+2
う	4+3	す	1+2	ぬ	5+6
え	5+1	せ	5+5	ね	3+4
お	2+2	そ	2+7	の	1+1
か	7+5	た	1+4	は	6+3
き	4+1	ち	5+3	ひ	7+2
く	3+3	つ	7+4	ふ	3+7
け	4+4	て	0+3	へ	5+2
こ	1+0	と	4+6	ほ	2+3

1 (こ)
2 (の)
3 (す)(て)(ひ)
4 (い)(お)(な)
5 (き)(た)(ほ)
6 (え)(く)(に)
7 (う)(ね)(へ)
8 (あ)(け)(ち)
9 (し)(そ)(は)
10 (せ)(と)(ふ)
11 (つ)(ぬ)
12 (か)(さ)

あいう算 -17

これまでの最高 分 秒 ／ 目標 分 秒 ／ 今回 分 秒

計算の答えと同じ数字の(　)に、「あ～ほ」を入れましょう。

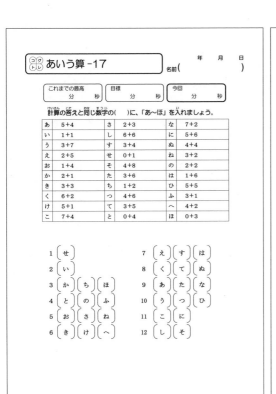

あ	5+4	さ	2+3	な	7+2
い	1+1	し	6+6	に	5+6
う	3+7	す	3+4	ぬ	4+4
え	2+5	せ	0+1	ね	3+2
お	1+4	そ	4+8	の	2+2
か	2+1	た	3+6	は	1+6
き	3+3	ち	1+2	ひ	5+5
く	6+2	つ	4+6	ふ	3+1
け	5+1	て	3+5	へ	4+2
こ	7+4	と	0+4	ほ	0+3

1 (せ)
2 (い)
3 (か)(ち)(ほ)
4 (と)(の)(ふ)
5 (お)(さ)(ね)
6 (き)(け)(へ)
7 (え)(す)(は)
8 (く)(て)(ぬ)
9 (あ)(た)(な)
10 (う)(つ)(ひ)
11 (こ)(に)
12 (し)(そ)

あいう算 -18

これまでの最高 分 秒 ／ 目標 分 秒 ／ 今回 分 秒

計算の答えと同じ数字の(　)に、「あ～ほ」を入れましょう。

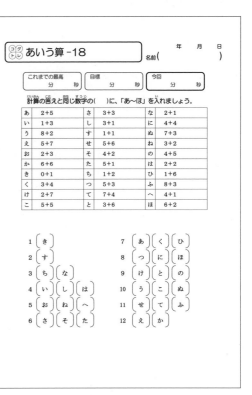

あ	2+5	さ	3+3	な	2+1
い	1+3	し	3+1	に	4+4
う	8+2	す	1+1	ぬ	7+3
え	5+7	せ	5+6	ね	3+2
お	2+3	そ	4+2	の	4+5
か	6+6	た	5+1	は	2+2
き	0+1	ち	1+6	ひ	1+6
く	3+4	つ	5+3	ふ	8+3
け	2+7	て	7+4	へ	4+1
こ	5+5	と	3+6	ほ	6+2

1 (き)
2 (す)
3 (ち)(な)
4 (い)(し)(は)
5 (お)(ね)(へ)
6 (さ)(そ)(た)
7 (あ)(く)(ひ)
8 (つ)(に)(ほ)
9 (け)(と)(の)
10 (う)(こ)(ぬ)
11 (せ)(て)(ふ)
12 (え)(か)

あいう算 -19

| | これまでの最高 分 秒 | 目標 分 秒 | 今回 分 秒 |

計算の答えと同じ数字の（　）に、「あ～ほ」を入れましょう。

あ	3+3	さ	2+3	な	2+2
い	6+2	し	4+6	に	6+3
う	5+5	す	5+2	ぬ	4+8
え	3+1	せ	1+4	ね	7+1
お	1+0	そ	2+1	の	1+5
か	4+3	た	3+2	は	6+1
き	2+7	ち	6+5	ひ	5+4
く	3+8	つ	5+7	ふ	3+7
け	1+1	て	2+4	へ	4+4
こ	1+10	と	1+2	ほ	6+6

1　お
2　け
3　そ　と
4　え　な
5　さ　せ　た
6　あ　て　の
7　か　す　は
8　い　ね　へ
9　き　に　ひ
10　そ　し　ふ
11　く　こ　ち
12　つ　ぬ　ほ

あいう算 -20

| | これまでの最高 分 秒 | 目標 分 秒 | 今回 分 秒 |

計算の答えと同じ数字の（　）に、「あ～ほ」を入れましょう。

あ	7+4	さ	2+2	な	1+8
い	2+6	し	3+7	に	6+6
う	4+5	す	9+2	ぬ	3+4
え	4+4	せ	4+1	ね	5+1
お	0+1	そ	3+3	の	2+3
か	1+2	た	2+7	は	7+5
き	5+5	ち	3+2	ひ	1+6
く	1+1	つ	4+8	ふ	8+2
け	2+4	て	2+1	へ	3+1
こ	5+2	と	5+6	ほ	5+3

1　お
2　く
3　か　て
4　さ　へ
5　せ　ち　の
6　け　そ　ね
7　こ　ぬ　ひ
8　い　え　ほ
9　う　た　な
10　き　し　ふ
11　あ　す　と
12　つ　に　は

さがし算①

さがし算 ①-1

| | これまでの最高 分 秒 | 目標 分 秒 | 今回 分 秒 |

□ の中の2つの数字を足して、8になるものを探し〇で囲みましょう。たて、よこ、ななめの数字から見つけましょう。

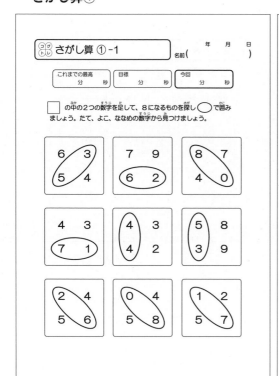

さがし算 ①-2

| | これまでの最高 分 秒 | 目標 分 秒 | 今回 分 秒 |

□ の中の2つの数字を足して、9になるものを探し〇で囲みましょう。たて、よこ、ななめの数字から見つけましょう。

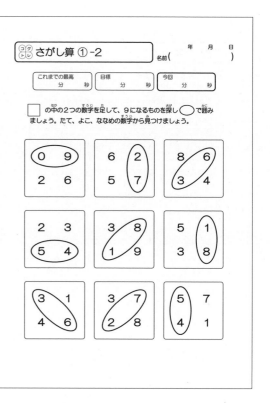

これまでの最高　分　秒　目標　分　秒　今回　分　秒

□ の中の2つの数字を足して、10になるものを探し ◯ で囲みましょう。たて、よこ、ななめの数字から見つけましょう。

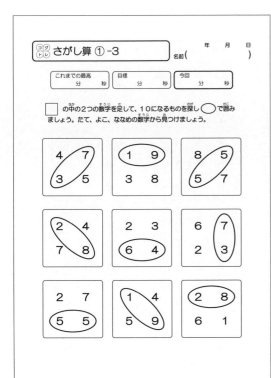

これまでの最高　分　秒　目標　分　秒　今回　分　秒

□ の中の2つの数字を足して、10になるものを探し ◯ で囲みましょう。たて、よこ、ななめの数字から見つけましょう。

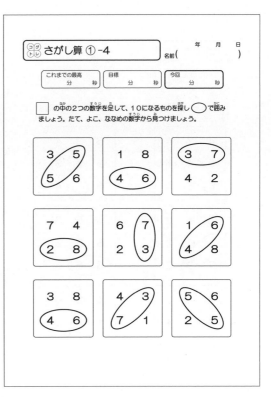

これまでの最高　分　秒　目標　分　秒　今回　分　秒

□ の中の2つの数字を足して、12になるものを探し ◯ で囲みましょう。たて、よこ、ななめの数字から見つけましょう。

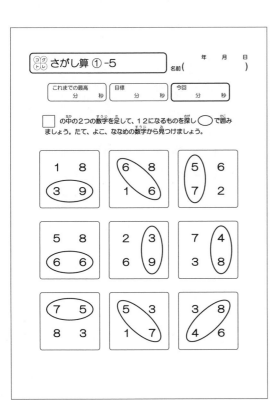

これまでの最高　分　秒　目標　分　秒　今回　分　秒

□ の中の2つの数字を足して、9になるものを探し ◯ で囲みましょう。たて、よこ、ななめの数字から見つけましょう。

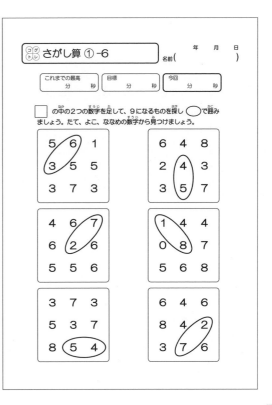

これまでの最高　分　秒　目標　分　秒　今回　分　秒

□ の中の2つの数字を足して、10になるものを探し ◯ で囲みましょう。たて、よこ、ななめの数字から見つけましょう。

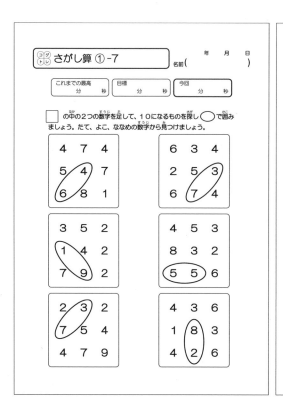

これまでの最高　分　秒　目標　分　秒　今回　分　秒

□ の中の2つの数字を足して、11になるものを探し ◯ で囲みましょう。たて、よこ、ななめの数字から見つけましょう。

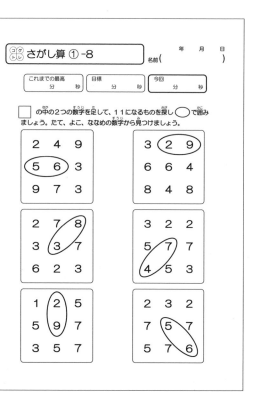

これまでの最高　分　秒　目標　分　秒　今回　分　秒

□ の中の2つの数字を足して、10になるものを2つ探し ◯ で囲みましょう。たて、よこ、ななめの数字から見つけましょう。

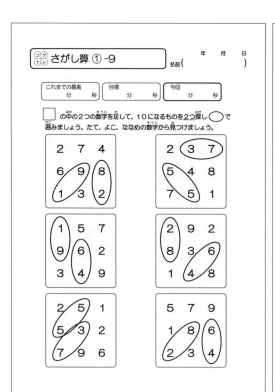

これまでの最高　分　秒　目標　分　秒　今回　分　秒

□ の中の2つの数字を足して、11になるものを2つ探し ◯ で囲みましょう。たて、よこ、ななめの数字から見つけましょう。

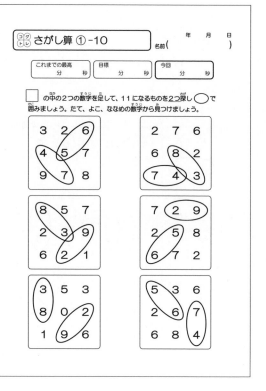

さがし算②

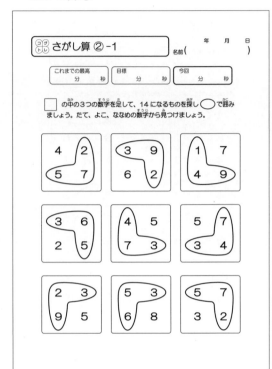

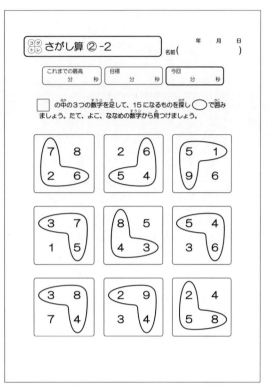

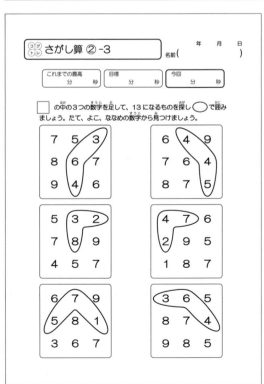

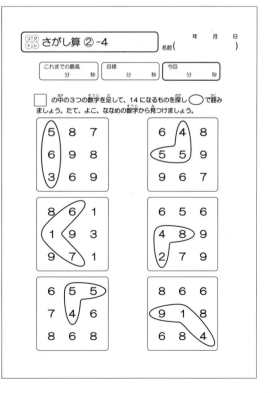

これまでの最高　分　秒　目標　分　秒　今回　分　秒

□ の中の3つの数字を足して、15になるものを探し ◯ で囲みましょう。たて、よこ、ななめの数字から見つけましょう。

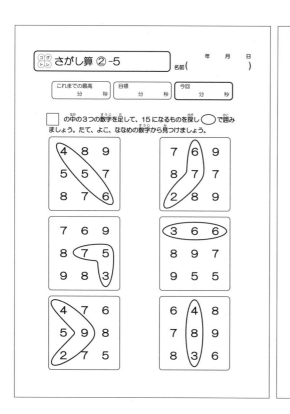

これまでの最高　分　秒　目標　分　秒　今回　分　秒

□ の中の3つの数字を足して、16になるものを探し ◯ で囲みましょう。たて、よこ、ななめの数字から見つけましょう。

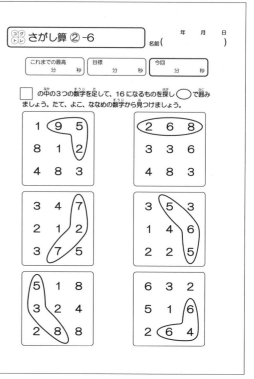

これまでの最高　分　秒　目標　分　秒　今回　分　秒

□ の中の3つの数字を足して、13になるものを2つ探し ◯ で囲みましょう。たて、よこ、ななめの数字から見つけましょう。

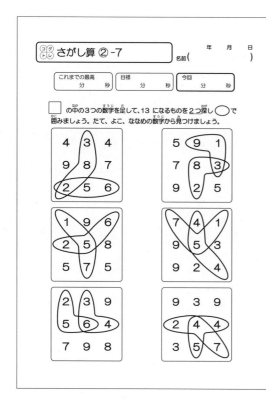

これまでの最高　分　秒　目標　分　秒　今回　分　秒

□ の中の3つの数字を足して、14になるものを2つ探し ◯ で囲みましょう。たて、よこ、ななめの数字から見つけましょう。

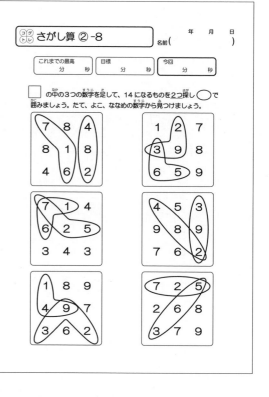

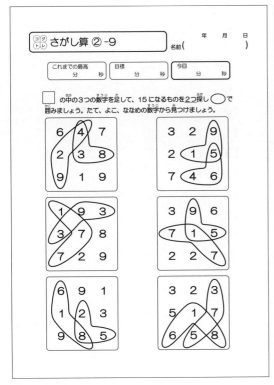

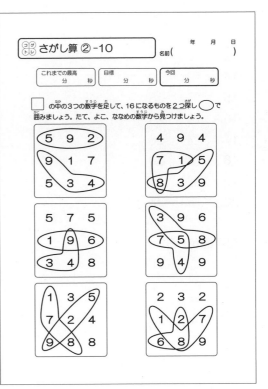

記号さがし①

1	△ :	21
2	△ :	22
3	△ :	21
4	△ :	20
5	△ :	21
6	△ :	24
7	△ :	23
8	△ :	22
9	△ :	25
10	△ :	22
11	□ :	25
12	□ :	27
13	□ :	28
14	□ :	25
15	□ :	29
16	□ :	26

17	□ :	30
18	□ :	27
19	□ :	26
20	□ :	29

記号さがし②

1	△ :	21
2	△ :	22
3	△ :	20
4	△ :	24
5	△ :	23
6	△ :	21
7	△ :	25
8	△ :	22
9	△ :	23
10	△ :	22

11	□ :	24
12	□ :	27
13	□ :	26
14	□ :	30
15	□ :	28
16	□ :	25
17	□ :	26
18	□ :	30
19	□ :	27
20	□ :	28

記号さがし③

1	🍎 :	15
2	🍎 :	16
3	🍎 :	15
4	🍎 :	16

5	🍎 :	18
6	🍎 :	16
7	🍎 :	20
8	🍎 :	17
9	🍎 :	19
10	🍎 :	20
11	🍎 :	25
12	🍎 :	27
13	🍎 :	30
14	🍎 :	28
15	🍎 :	26
16	🍎 :	28
17	🍎 :	26
18	🍎 :	27
19	🍎 :	29
20	🍎 :	30

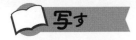

折り合わせ図形

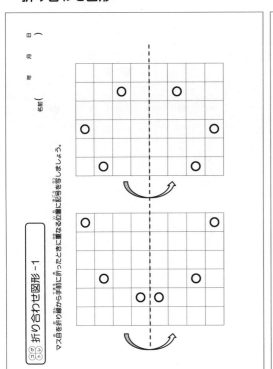

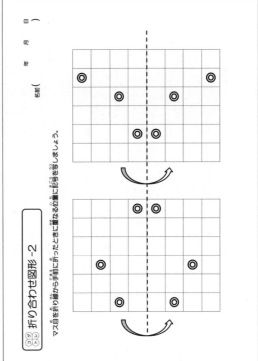

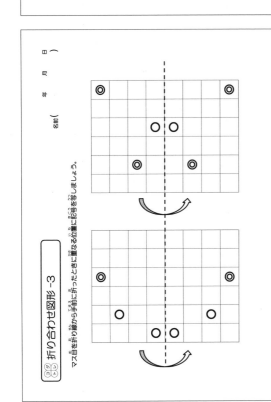

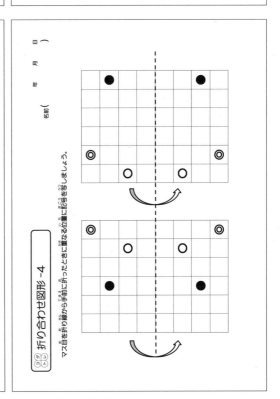

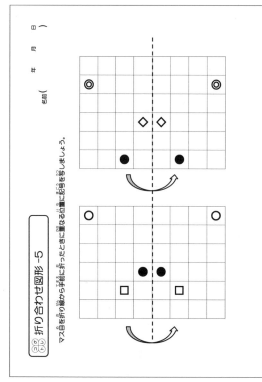

コグトレ 折り合わせ図形 -5

マス目を折り線から手前に折ったときに重なる位置に記号を書きましょう。

名前（　　　年　　　月　　　日　　　）

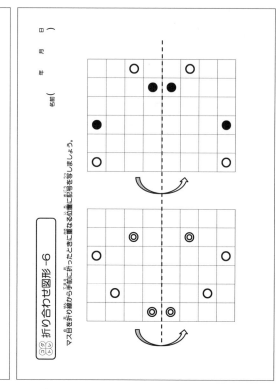

コグトレ 折り合わせ図形 -6

マス目を折り線から手前に折ったときに重なる位置に記号を書きましょう。

名前（　　　年　　　月　　　日　　　）

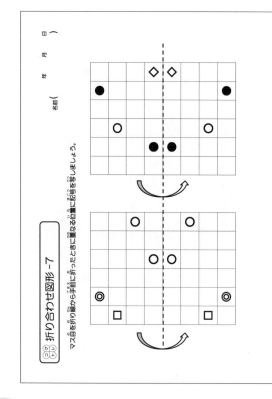

コグトレ 折り合わせ図形 -7

マス目を折り線から手前に折ったときに重なる位置に記号を書きましょう。

名前（　　　年　　　月　　　日　　　）

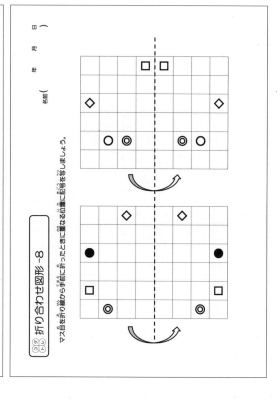

コグトレ 折り合わせ図形 -8

マス目を折り線から手前に折ったときに重なる位置に記号を書きましょう。

名前（　　　年　　　月　　　日　　　）

記号の変換

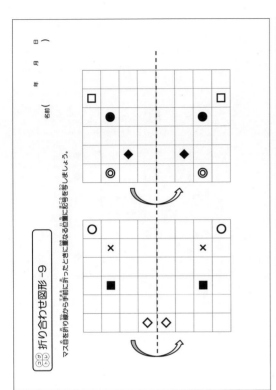

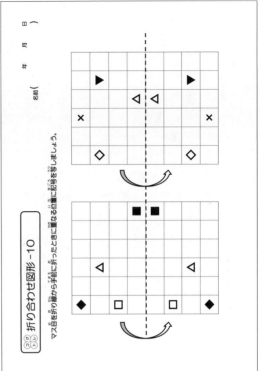

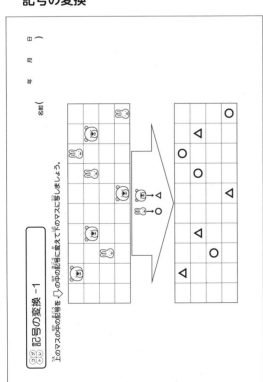

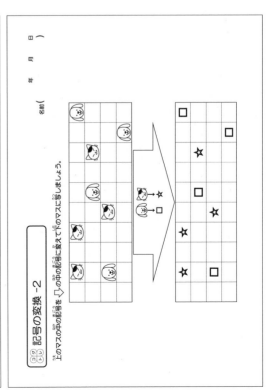

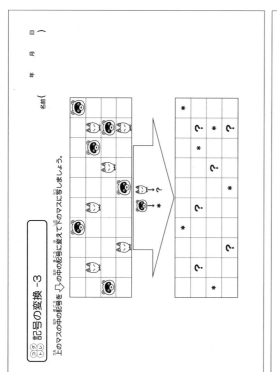

記号の変換 -3

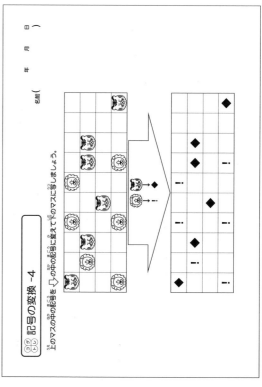

記号の変換 -4

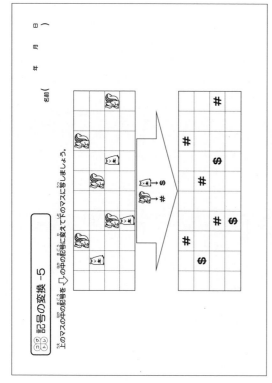

記号の変換 -5

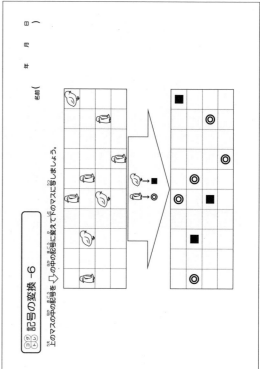

記号の変換 -6

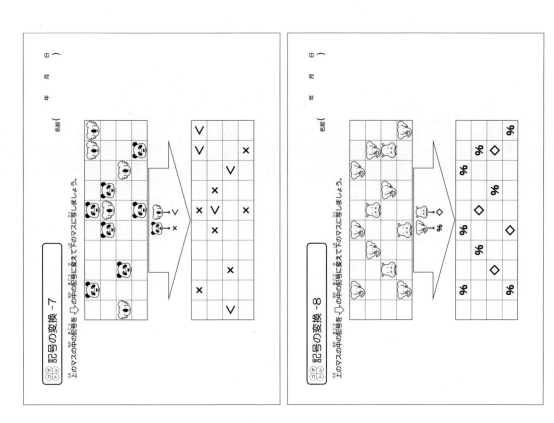

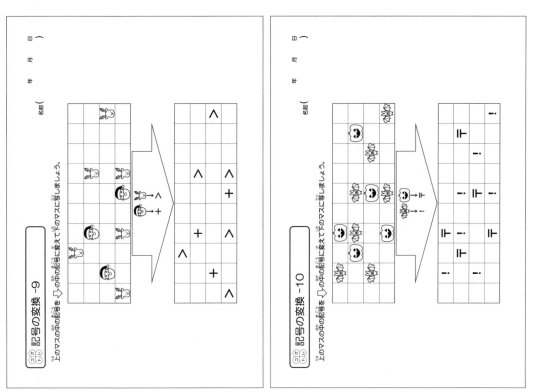

鏡映し

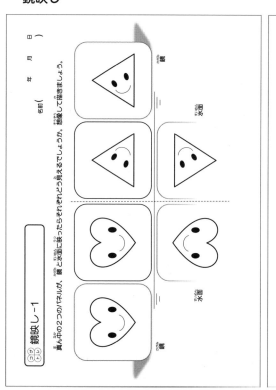

真ん中の2つのパネルが、鏡と水面に映ったらそれぞれどう見えるでしょうか。想像して描きましょう。

鏡

水面

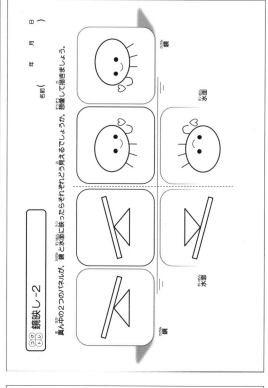

鏡映し-2

真ん中の2つのパネルが、鏡と水面に映ったらそれぞれどう見えるでしょうか。想像して描きましょう。

鏡

水面

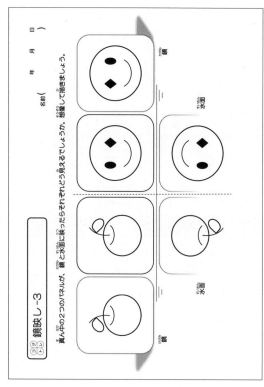

鏡映し-3

真ん中の2つのパネルが、鏡と水面に映ったらそれぞれどう見えるでしょうか。想像して描きましょう。

鏡

水面

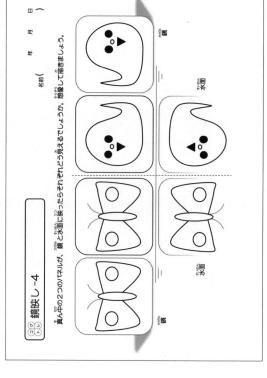

鏡映し-4

真ん中の2つのパネルが、鏡と水面に映ったらそれぞれどう見えるでしょうか。想像して描きましょう。

鏡

水面

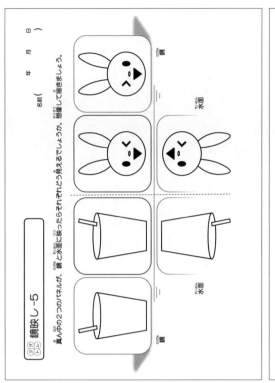

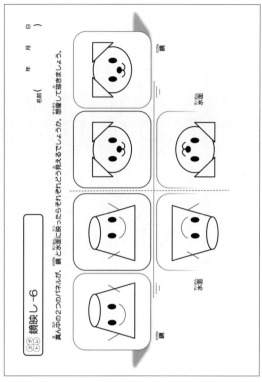

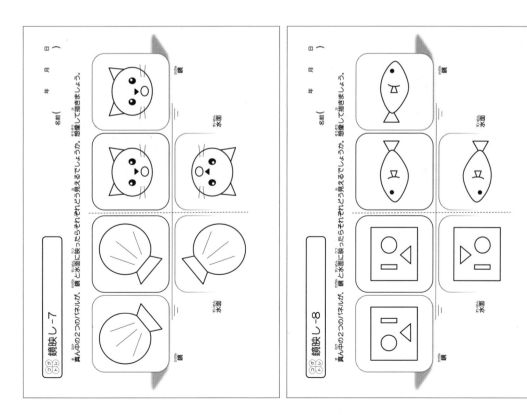

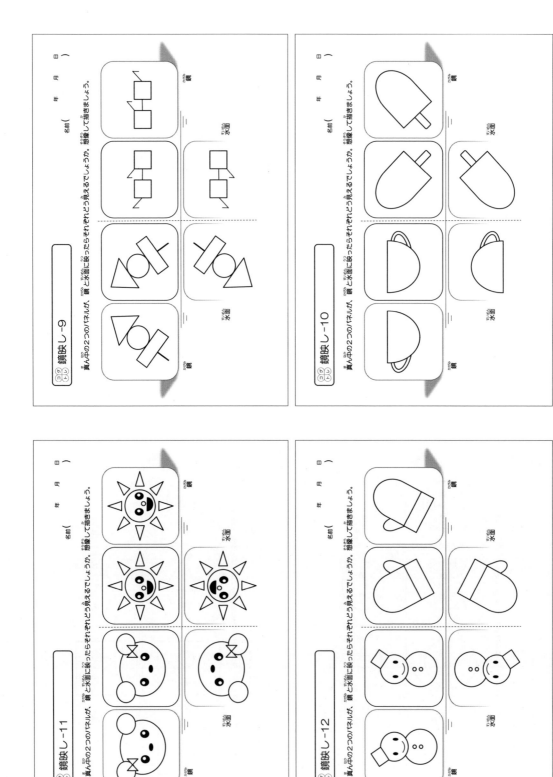

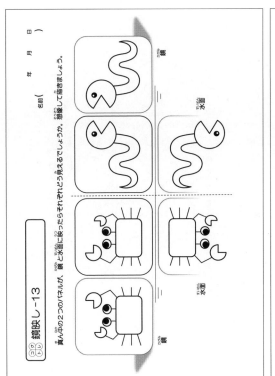

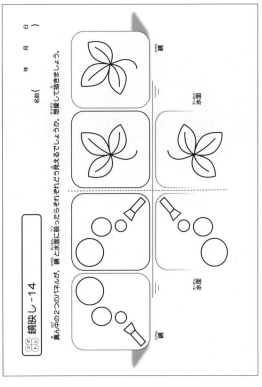

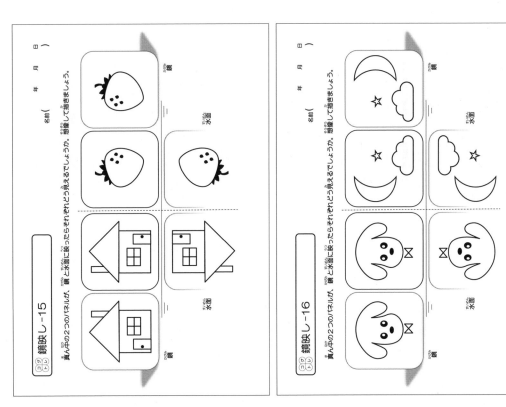

鏡映し-17

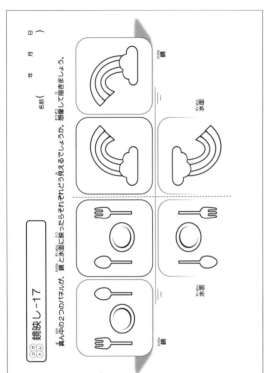

コツトレ 鏡映し-17

名前　　　　　　　　　（　　年　　月　　日　）

真ん中の2つのパネルが、鏡と水面に映ったらそれぞれどう見えるでしょうか。想像して描きましょう。

鏡　　水面

鏡映し-18

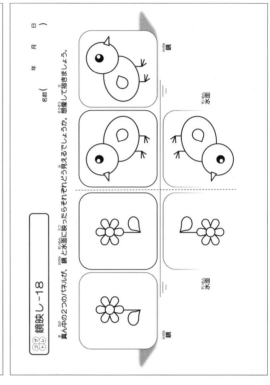

コツトレ 鏡映し-18

名前　　　　　　　　　（　　年　　月　　日　）

真ん中の2つのパネルが、鏡と水面に映ったらそれぞれどう見えるでしょうか。想像して描きましょう。

鏡　　水面

鏡映し-19

コツトレ 鏡映し-19

名前　　　　　　　　　（　　年　　月　　日　）

真ん中の2つのパネルが、鏡と水面に映ったらそれぞれどう見えるでしょうか。想像して描きましょう。

鏡　　水面

鏡映し-20

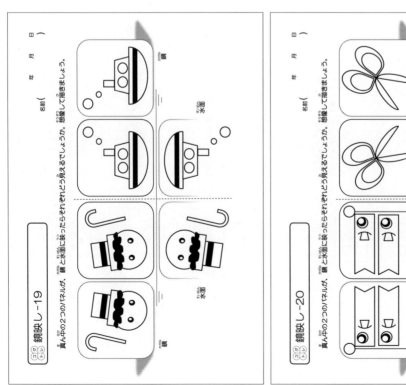

コツトレ 鏡映し-20

名前　　　　　　　　　（　　年　　月　　日　）

真ん中の2つのパネルが、鏡と水面に映ったらそれぞれどう見えるでしょうか。想像して描きましょう。

鏡　　水面

くるくる星座①

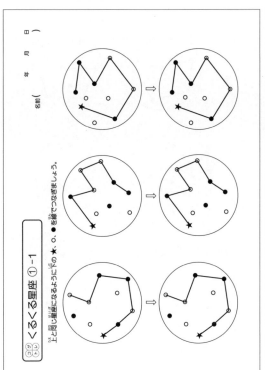

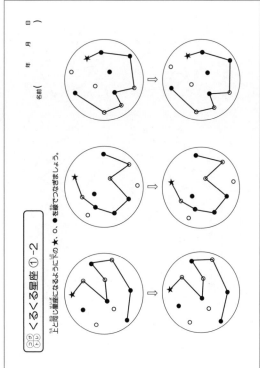

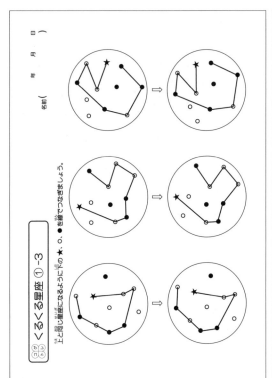

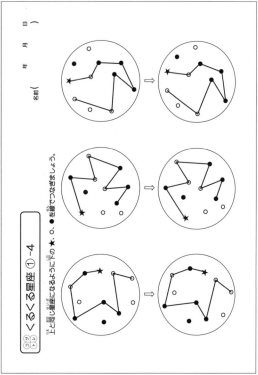

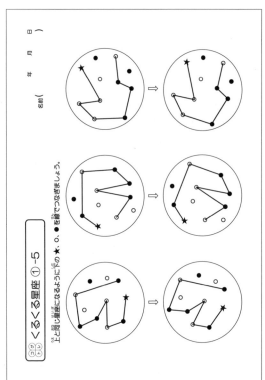

コグトレ くるくる星座 ①-5

上と同じ星座になるように下の★、○、●を線でつなぎましょう。

名前（　　　　　）

年　月　日

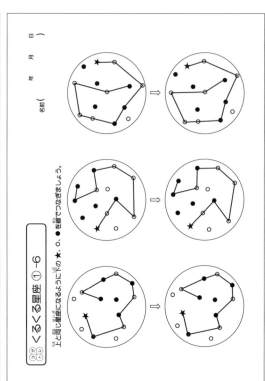

コグトレ くるくる星座 ①-6

上と同じ星座になるように下の★、○、●を線でつなぎましょう。

名前（　　　　　）

年　月　日

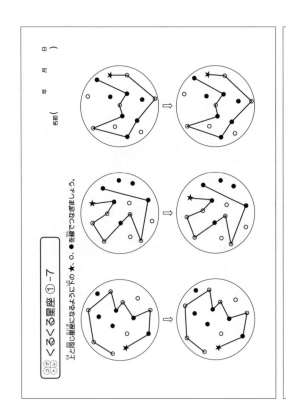

コグトレ くるくる星座 ①-7

上と同じ星座になるように下の★、○、●を線でつなぎましょう。

名前（　　　　　）

年　月　日

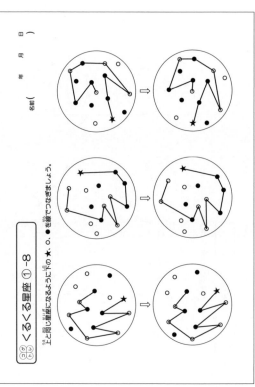

コグトレ くるくる星座 ①-8

上と同じ星座になるように下の★、○、●を線でつなぎましょう。

名前（　　　　　）

年　月　日

110

くるくる星座②

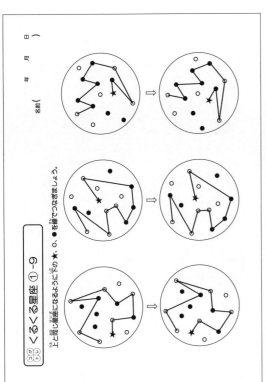

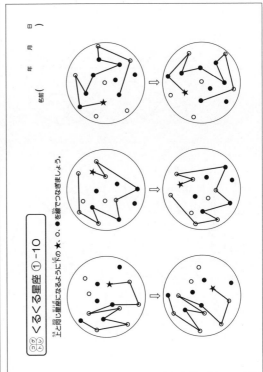

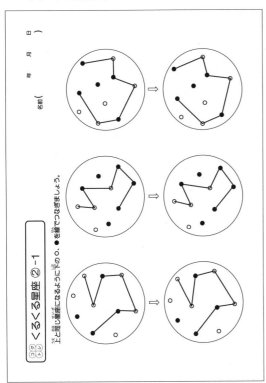

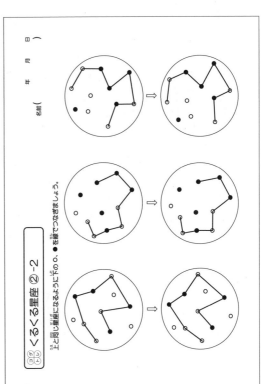

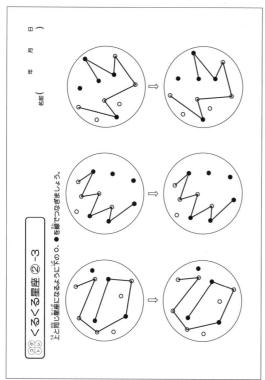

くるくる星座 ② -3

上と同じ星座になるように下の○。●を線でつなぎましょう。

名前（　　　　　　）

年　月　日（　　）

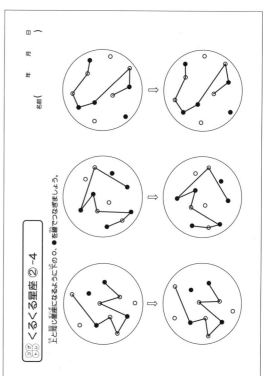

くるくる星座 ② -4

上と同じ星座になるように下の○。●を線でつなぎましょう。

名前（　　　　　　）

年　月　日（　　）

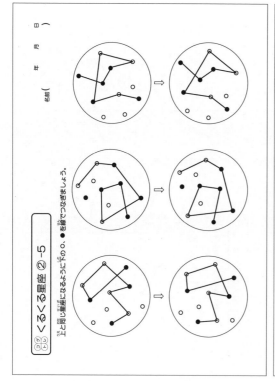

くるくる星座 ② -5

上と同じ星座になるように下の○。●を線でつなぎましょう。

名前（　　　　　　）

年　月　日（　　）

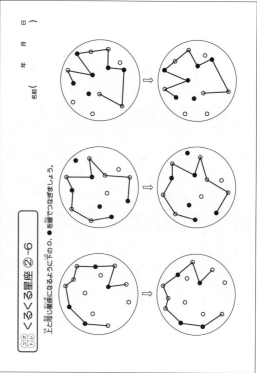

くるくる星座 ② -6

上と同じ星座になるように下の○。●を線でつなぎましょう。

名前（　　　　　　）

年　月　日（　　）

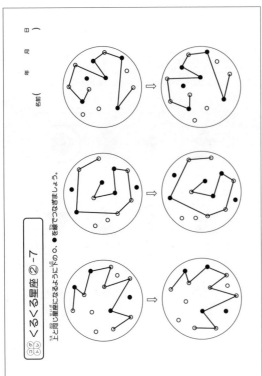

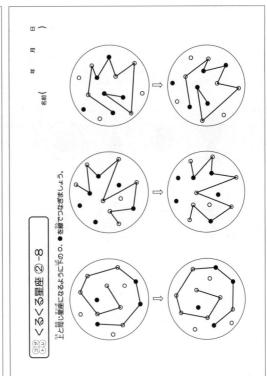

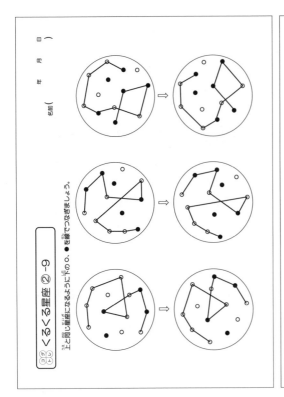

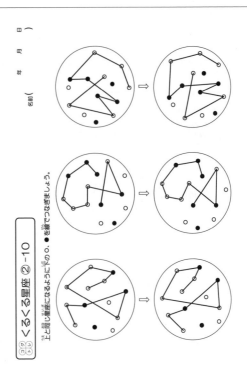

113

重なり図形

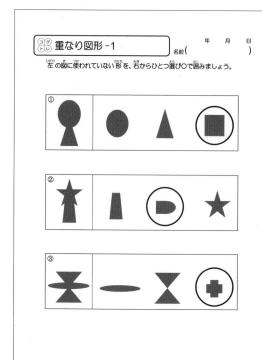

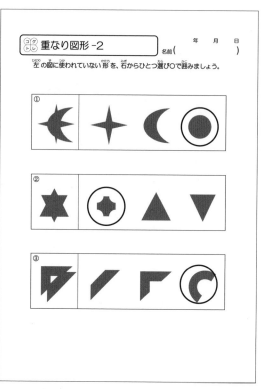

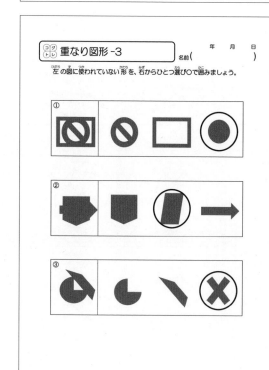

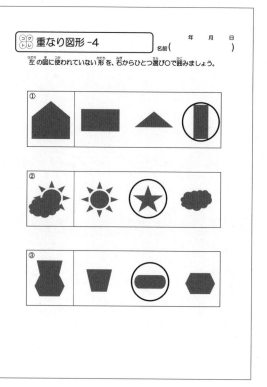

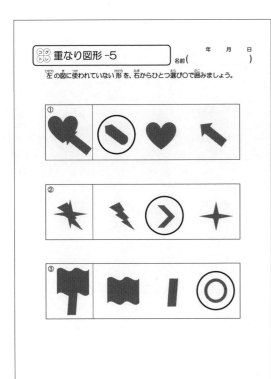

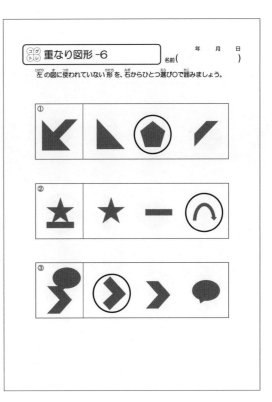

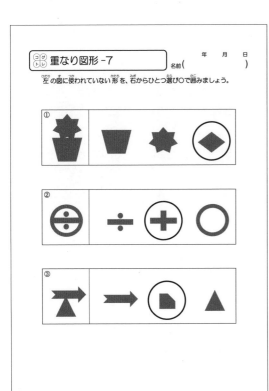

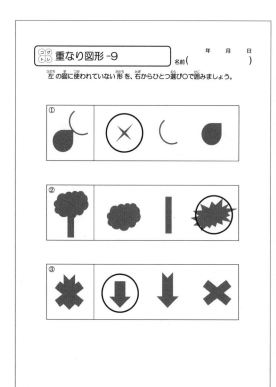

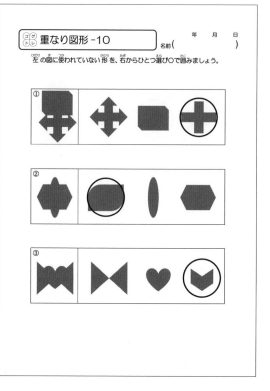

黒ぬり図形

1	①：7	②：1	**6**	①：7	②：5
	③：3	④：6		③：6	④：1
2	①：1	②：8	**7**	①：1	②：7
	③：3	④：2		③：5	④：8
3	①：2	②：4	**8**	①：6	②：1
	③：3	④：1		③：8	④：7
4	①：7	②：4	**9**	①：2	②：5
	③：1	④：6		③：6	④：4
5	①：4	②：2	**10**	①：4	②：8
	③：1	④：8		③：6	④：5

回転パズル①

1	A :	3		6	A :	5
	B :	5			B :	1
2	A :	1		7	A :	3
	B :	6			B :	4
3	A :	1		8	A :	6
	B :	4			B :	4
4	A :	2		9	A :	1
	B :	5			B :	3
5	A :	3		10	A :	3
	B :	5			B :	1

回転パズル②

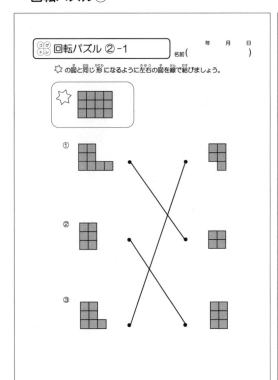

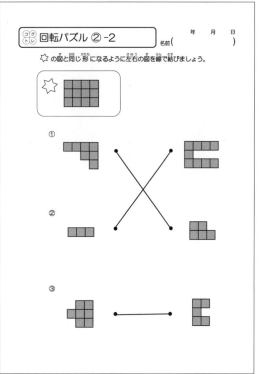

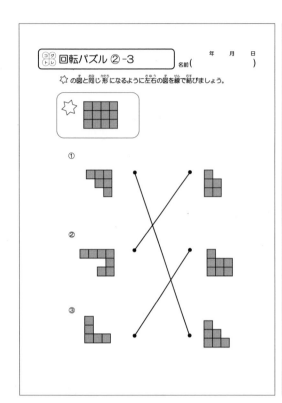

回転パズル ②-3　名前(　　　　　)　年　月　日

☆の図と同じ形になるように左右の図を線で結びましょう。

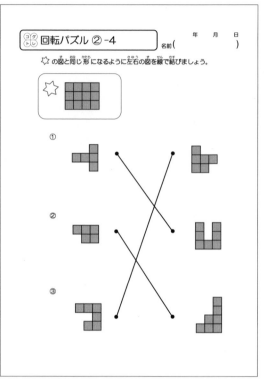

回転パズル ②-4　名前(　　　　　)　年　月　日

☆の図と同じ形になるように左右の図を線で結びましょう。

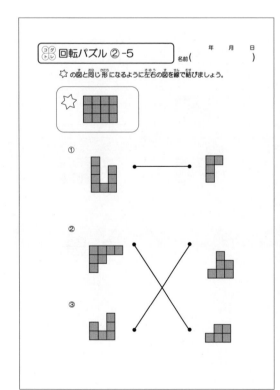

回転パズル ②-5　名前(　　　　　)　年　月　日

☆の図と同じ形になるように左右の図を線で結びましょう。

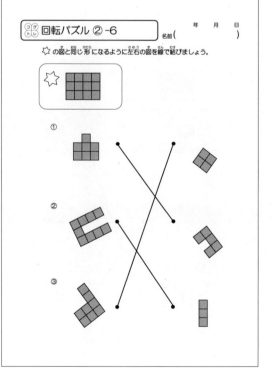

回転パズル ②-6　名前(　　　　　)　年　月　日

☆の図と同じ形になるように左右の図を線で結びましょう。

118

回転パズル ②-7　名前（　　　　　）　年　月　日

☆の図と同じ形になるように左右の図を線で結びましょう。

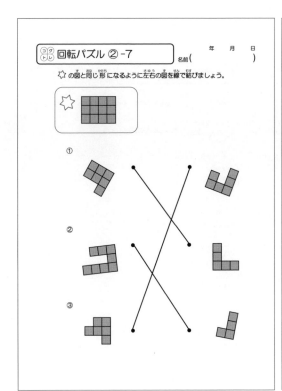

回転パズル ②-8　名前（　　　　　）　年　月　日

☆の図と同じ形になるように左右の図を線で結びましょう。

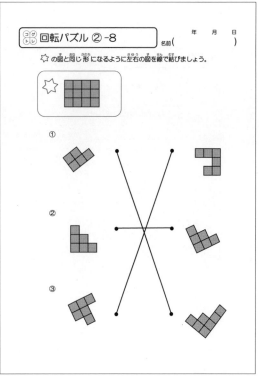

回転パズル ②-9　名前（　　　　　）　年　月　日

☆の図と同じ形になるように左右の図を線で結びましょう。

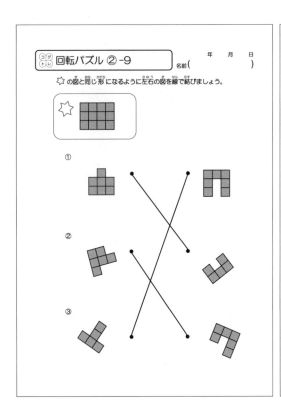

回転パズル ②-10　名前（　　　　　）　年　月　日

☆の図と同じ形になるように左右の図を線で結びましょう。

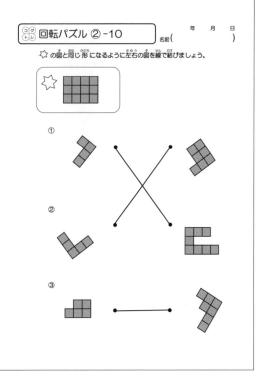

形さがし

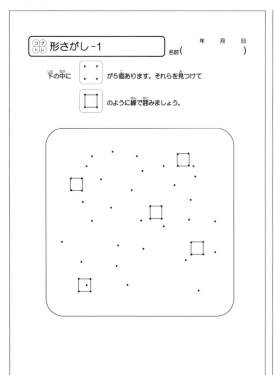

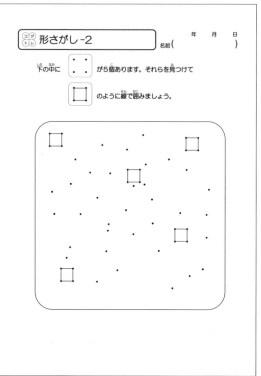

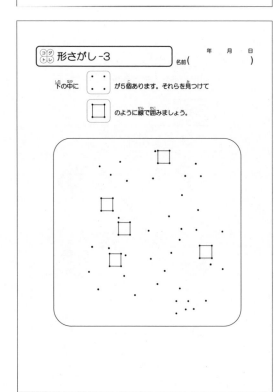

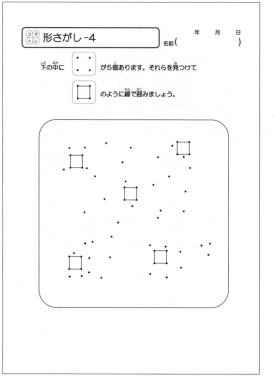

形さがし -5

名前（　　　　　　）　　年　月　日

下の中に ⬚（・・）が5個あります。それらを見つけて

☐ のように線で囲みましょう。

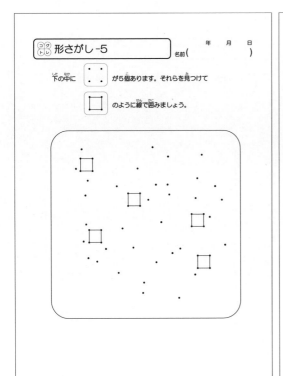

形さがし -6

名前（　　　　　　）　　年　月　日

下の中に（・・）が5個あります。それらを見つけて

△ のように線で囲みましょう。

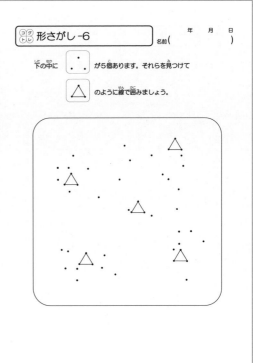

形さがし -7

名前（　　　　　　）　　年　月　日

下の中に（・・・）が5個あります。それらを見つけて

△ のように線で囲みましょう。

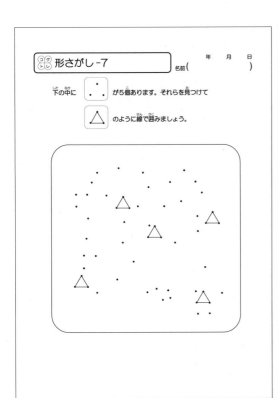

形さがし -8

名前（　　　　　　）　　年　月　日

下の中に（・・・）が5個あります。それらを見つけて

△ のように線で囲みましょう。

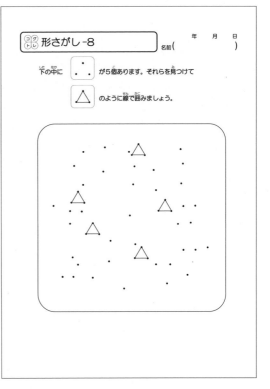

形さがし -9

名前（　　　　　）　年　月　日

下の中に ⣀ が5個あります。それらを見つけて △ のように線で囲みましょう。

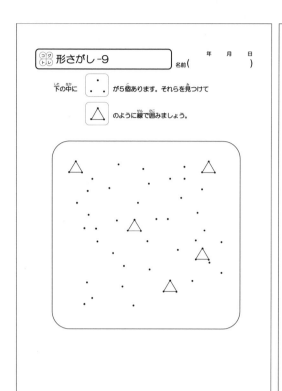

形さがし -10

名前（　　　　　）　年　月　日

下の中に ⣀ が5個あります。それらを見つけて △ のように線で囲みましょう。

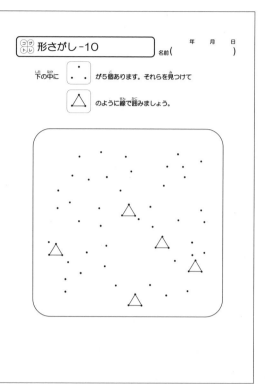

形さがし -11

名前（　　　　　）　年　月　日

下の中に ⣶ がいろいろな方向を向いて5個あります。

それらを見つけて ◇ のように線で結びましょう。

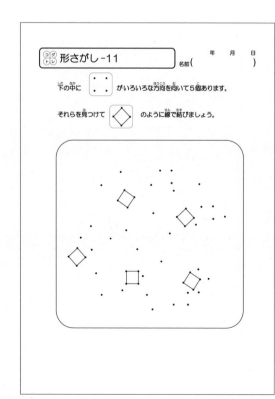

形さがし -12

名前（　　　　　）　年　月　日

下の中に ⣶ がいろいろな方向を向いて5個あります。

それらを見つけて ◇ のように線で結びましょう。

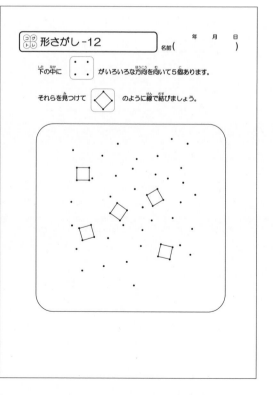

形さがし-13　名前(　　　)　　年　月　日

下の中に　⠿　がいろいろな方向を向いて5個あります。

それらを見つけて　◇　のように線で結びましょう。

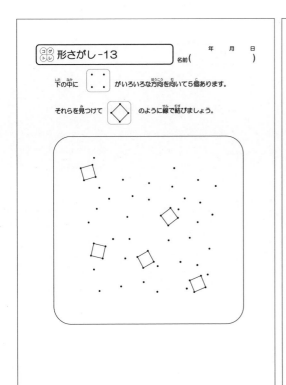

形さがし-14　名前(　　　)　　年　月　日

下の中に　⠿　がいろいろな方向を向いて5個あります。

それらを見つけて　◇　のように線で結びましょう。

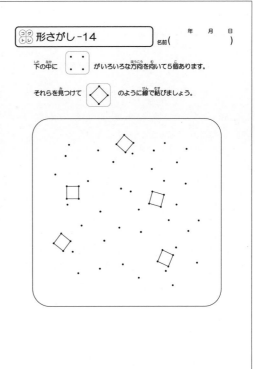

形さがし-15　名前(　　　)　　年　月　日

下の中に　⠿　がいろいろな方向を向いて5個あります。

それらを見つけて　◇　のように線で結びましょう。

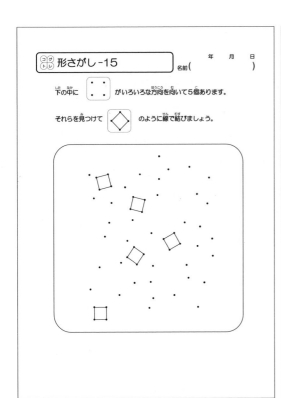

形さがし-16　名前(　　　)　　年　月　日

下の中に　⠿　がいろいろな方向を向いて5個あります。

それらを見つけて　▽　のように線で結びましょう。

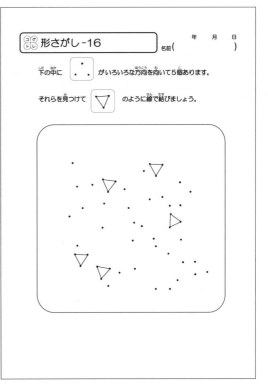

形さがし-17

名前（　　　　　　　）　　年　月　日

下の中に　[・・] がいろいろな方向を向いて5個あります。

それらを見つけて [▽] のように線で結びましょう。

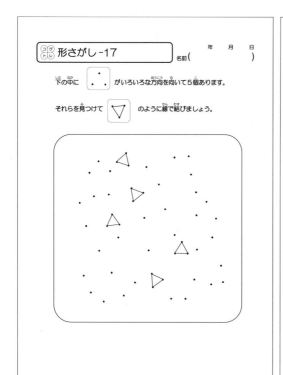

形さがし-18

名前（　　　　　　　）　　年　月　日

下の中に　[・・] がいろいろな方向を向いて5個あります。

それらを見つけて [▽] のように線で結びましょう。

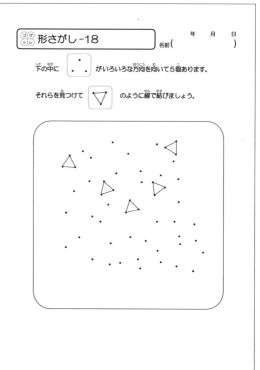

形さがし-19

名前（　　　　　　　）　　年　月　日

下の中に　[・・] がいろいろな方向を向いて5個あります。

それらを見つけて [▽] のように線で結びましょう。

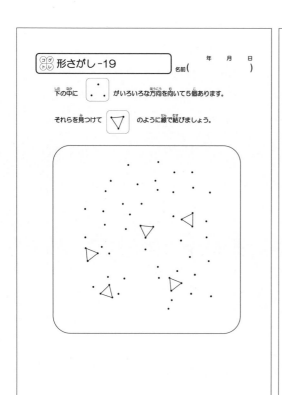

形さがし-20

名前（　　　　　　　）　　年　月　日

下の中に　[・・] がいろいろな方向を向いて5個あります。

それらを見つけて [▽] のように線で結びましょう。

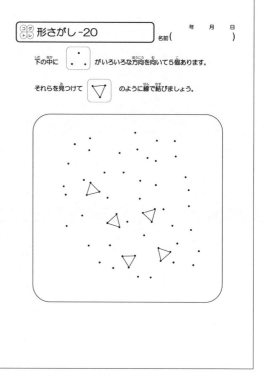

124

違いはどこ？

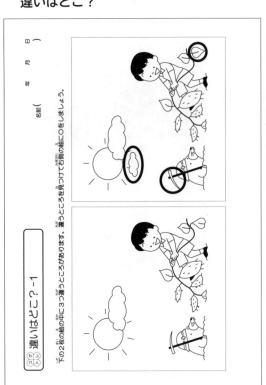

違いはどこ？-1

名前（　　　　　）　　年　月　日（　　）

下の2枚の絵の中に3つ違うところがあります。違うところを見つけて右側の絵に○をしましょう。

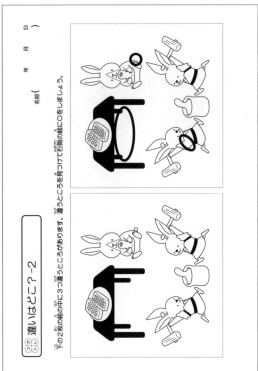

違いはどこ？-2

名前（　　　　　）　　年　月　日（　　）

下の2枚の絵の中に3つ違うところがあります。違うところを見つけて右側の絵に○をしましょう。

違いはどこ？-3

名前（　　　　　）　　年　月　日（　　）

下の2枚の絵の中に3つ違うところがあります。違うところを見つけて右側の絵に○をしましょう。

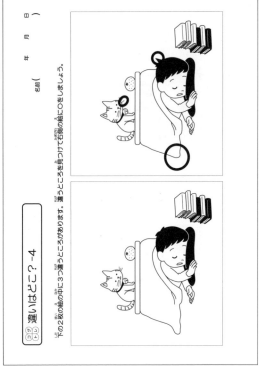

違いはどこ？-4

名前（　　　　　）　　年　月　日（　　）

下の2枚の絵の中に3つ違うところがあります。違うところを見つけて右側の絵に○をしましょう。

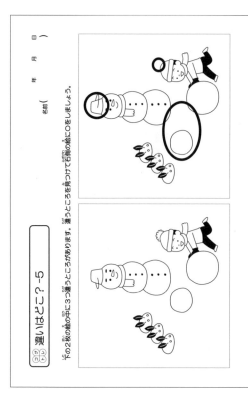

ᴺᵒ 違いはどこ？-9

下の2枚の絵の中に3つ違うところがあります。違うところを見つけて右側の絵に○をしましょう。

名前（　　　　　　　）

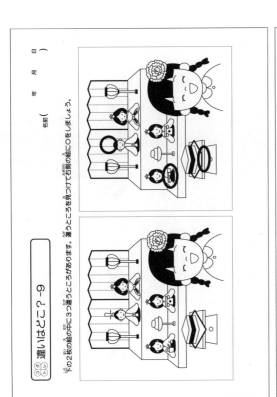

ᴺᵒ 違いはどこ？-10

下の2枚の絵の中に3つ違うところがあります。違うところを見つけて右側の絵に○をしましょう。

名前（　　　　　　　）

ᴺᵒ 違いはどこ？-11

下の2枚の絵の中に3つ違うところがあります。違うところを見つけて右側の絵に○をしましょう。

名前（　　　　　　　）

ᴺᵒ 違いはどこ？-12

下の2枚の絵の中に3つ違うところがあります。違うところを見つけて右側の絵に○をしましょう。

名前（　　　　　　　）

違いはどこ？-13

下の2枚の絵の中に3つ違うところがあります。違うところを見つけて右側の絵に○をしましょう。

名前（　　　　）　年　月　日（　　）

違いはどこ？-14

下の2枚の絵の中に3つ違うところがあります。違うところを見つけて右側の絵に○をしましょう。

名前（　　　　）　年　月　日（　　）

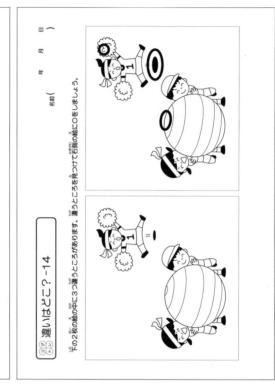

違いはどこ？-15

下の2枚の絵の中に3つ違うところがあります。違うところを見つけて右側の絵に○をしましょう。

名前（　　　　）　年　月　日（　　）

違いはどこ？-16

下の2枚の絵の中に3つ違うところがあります。違うところを見つけて右側の絵に○をしましょう。

名前（　　　　）　年　月　日（　　）

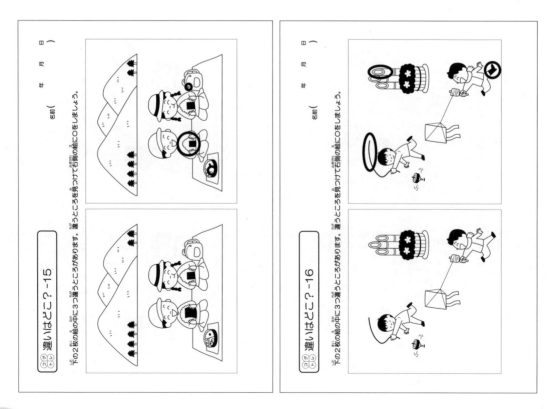

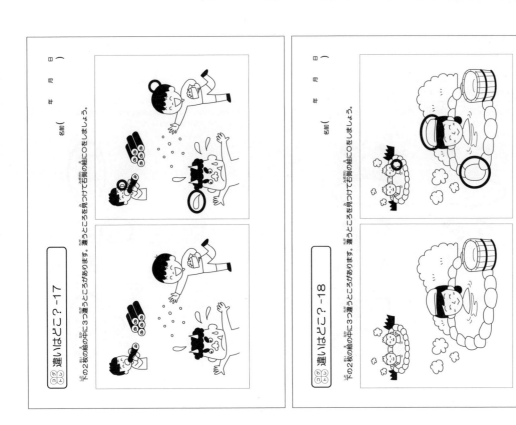

違いはどこ？ -17
下の2枚の絵の中に3つ違うところがあります。違うところを見つけて右側の絵に○をしましょう。

名前（　　　　　）　　　　　年　月　日

違いはどこ？ -19
下の2枚の絵の中に3つ違うところがあります。違うところを見つけて右側の絵に○をしましょう。

名前（　　　　　）　　　　　年　月　日

違いはどこ？ -18
下の2枚の絵の中に3つ違うところがあります。違うところを見つけて右側の絵に○をしましょう。

名前（　　　　　）　　　　　年　月　日

違いはどこ？ -20
下の2枚の絵の中に3つ違うところがあります。違うところを見つけて右側の絵に○をしましょう。

名前（　　　　　）　　　　　年　月　日

129

同じ絵はどれ？

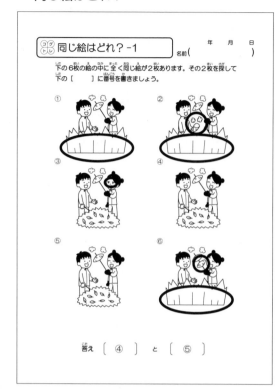

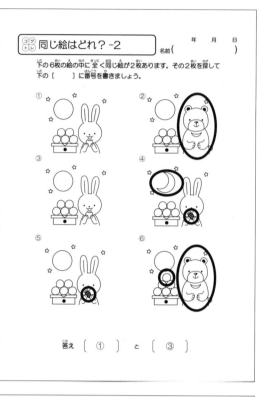

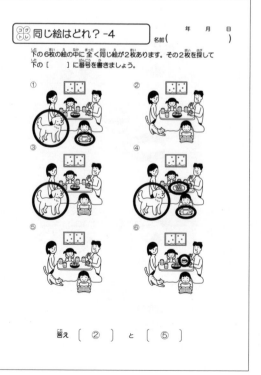

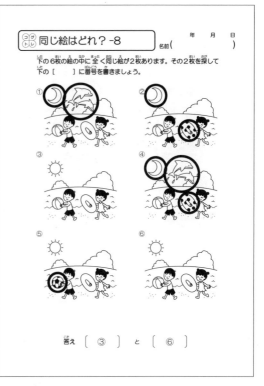

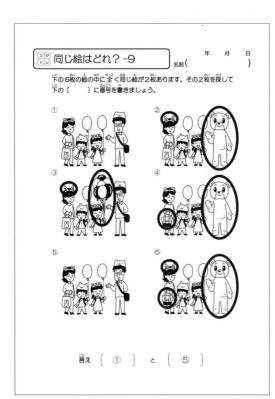

同じ絵はどれ？-9

名前（　　　　　　　　）　年　月　日

下の6枚の絵の中に全く同じ絵が2枚あります。その2枚を探して
下の［　　　］に番号を書きましょう。

①　②　③　④　⑤　⑥

答え　［ ① ］　と　［ ⑤ ］

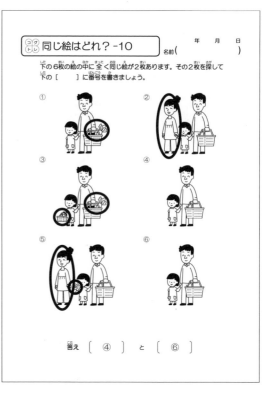

同じ絵はどれ？-10

名前（　　　　　　　　）　年　月　日

下の6枚の絵の中に全く同じ絵が2枚あります。その2枚を探して
下の［　　　］に番号を書きましょう。

①　②　③　④　⑤　⑥

答え　［ ④ ］　と　［ ⑥ ］

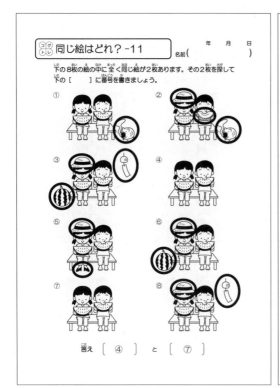

同じ絵はどれ？-11

名前（　　　　　　　　）　年　月　日

下の8枚の絵の中に全く同じ絵が2枚あります。その2枚を探して
下の［　　　］に番号を書きましょう。

①　②　③　④　⑤　⑥　⑦　⑧

答え　［ ④ ］　と　［ ⑦ ］

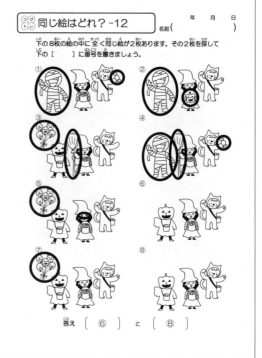

同じ絵はどれ？-12

名前（　　　　　　　　）　年　月　日

下の8枚の絵の中に全く同じ絵が2枚あります。その2枚を探して
下の［　　　］に番号を書きましょう。

①　②　③　④　⑤　⑥　⑦　⑧

答え　［ ⑥ ］　と　［ ⑧ ］

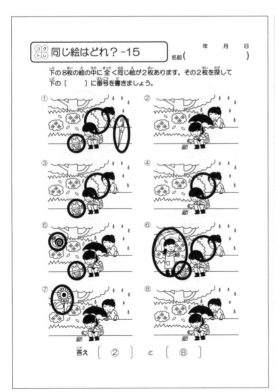

名前（　　　　　）　年　月　日

下の8枚の絵の中に全く同じ絵が2枚あります。その2枚を探して
下の［　　］に番号を書きましょう。

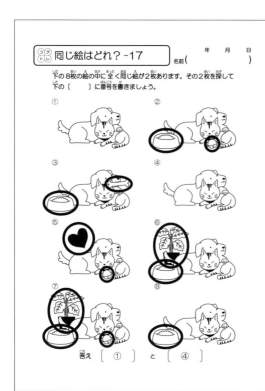

答え　［　①　］　と　［　④　］

名前（　　　　　）　年　月　日

下の8枚の絵の中に全く同じ絵が2枚あります。その2枚を探して
下の［　　］に番号を書きましょう。

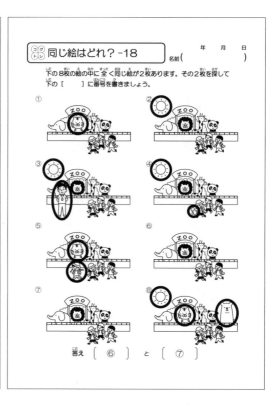

答え　［　⑥　］　と　［　⑦　］

名前（　　　　　）　年　月　日

下の8枚の絵の中に全く同じ絵が2枚あります。その2枚を探して
下の［　　］に番号を書きましょう。

答え　［　③　］　と　［　⑧　］

名前（　　　　　）　年　月　日

下の8枚の絵の中に全く同じ絵が2枚あります。その2枚を探して
下の［　　］に番号を書きましょう。

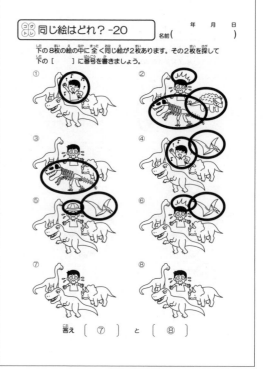

答え　［　⑦　］　と　［　⑧　］

想像する

スタンプ

1　A：　3
　　B：　1
2　A：　4
　　B：　2
3　A：　2
　　B：　4
4　A：　4
　　B：　3
5　A：　3
　　B：　1
6　A：　4
　　B：　2
7　A：　4
　　B：　1
8　A：　2
　　B：　3
9　A：　1
　　B：　3
10　A：　2
　　B：　4

切って開いて

1　A：2
　　B：1
2　A：2
　　B：4
3　A：3
　　B：4
4　A：4
　　B：2
5　A：3
　　B：4
6　A：1
　　B：4
7　A：2
　　B：3
8　A：3
　　B：2
9　A：3
　　B：2
10　A：1
　　B：2

心で回転

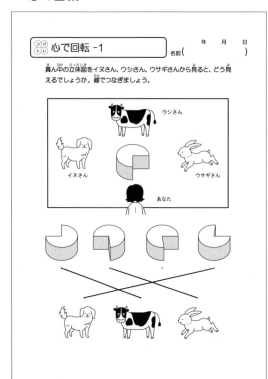

名前（　　　　　　）　年　月　日

真ん中の立体図をイヌさん、ウシさん、ウサギさんから見ると、どう見えるでしょうか。線でつなぎましょう。

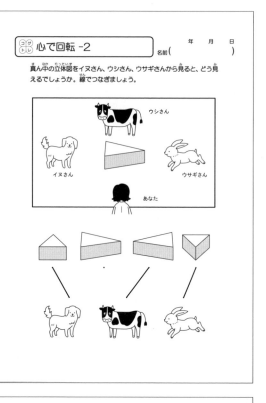

名前（　　　　　　）　年　月　日

真ん中の立体図をイヌさん、ウシさん、ウサギさんから見ると、どう見えるでしょうか。線でつなぎましょう。

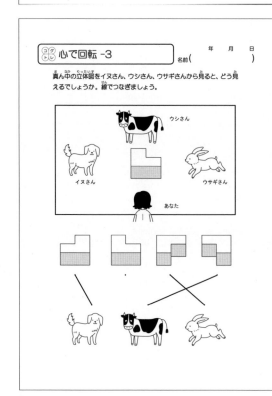

名前（　　　　　　）　年　月　日

真ん中の立体図をイヌさん、ウシさん、ウサギさんから見ると、どう見えるでしょうか。線でつなぎましょう。

名前（　　　　　　）　年　月　日

真ん中の立体図をイヌさん、ウシさん、ウサギさんから見ると、どう見えるでしょうか。線でつなぎましょう。

心で回転 -5

名前( )　年　月　日

真ん中の立体図をイヌさん、ウシさん、ウサギさんから見ると、どう見えるでしょうか。線でつなぎましょう。

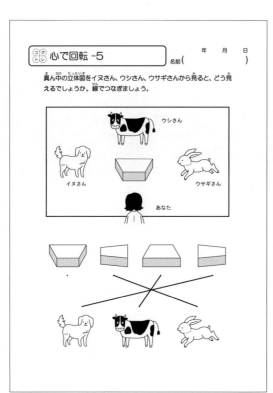

心で回転 -6

名前( )　年　月　日

真ん中の立体図をイヌさん、ウシさん、ウサギさんから見ると、どう見えるでしょうか。線でつなぎましょう。

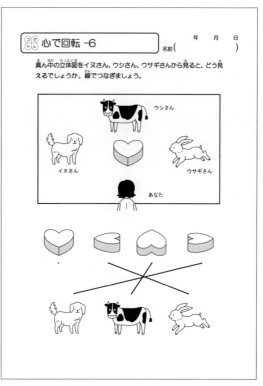

心で回転 -7

名前( )　年　月　日

真ん中の立体図をイヌさん、ウシさん、ウサギさんから見ると、どう見えるでしょうか。線でつなぎましょう。

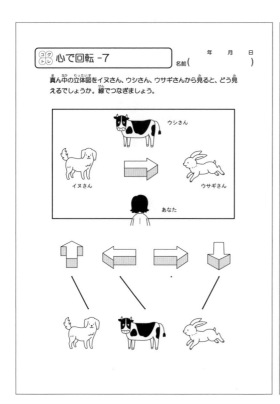

心で回転 -8

名前( )　年　月　日

真ん中の立体図をイヌさん、ウシさん、ウサギさんから見ると、どう見えるでしょうか。線でつなぎましょう。

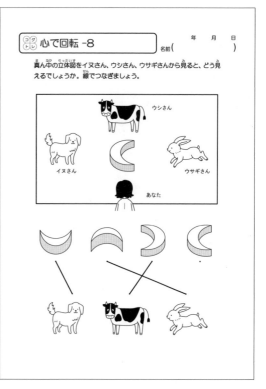

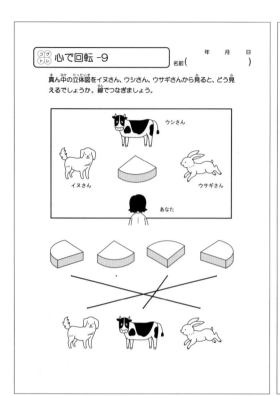

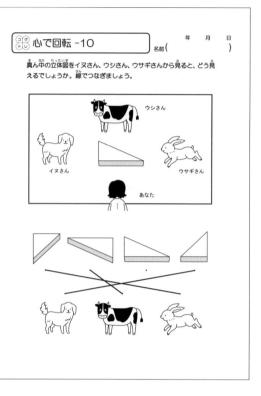

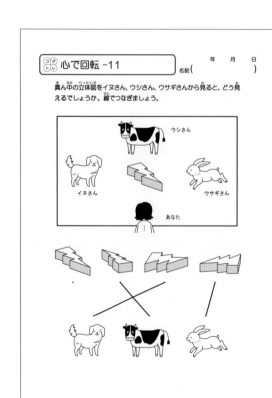

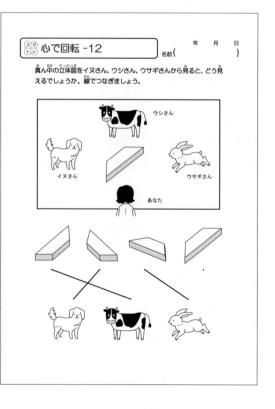

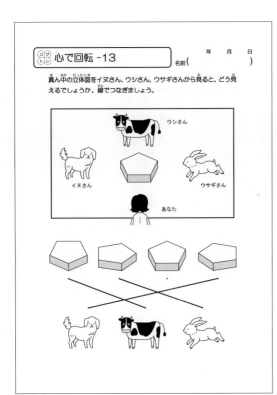

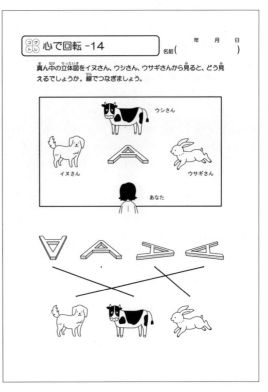

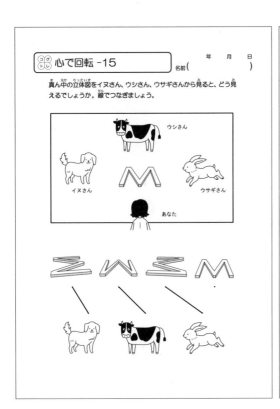

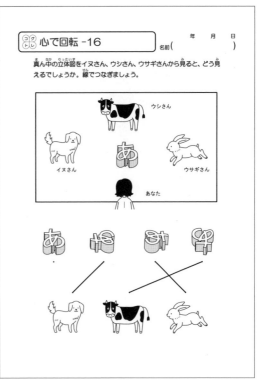

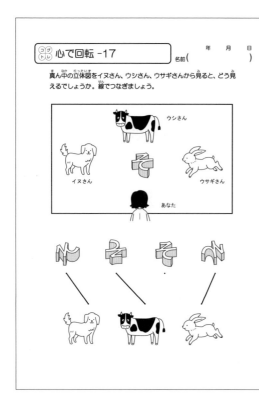

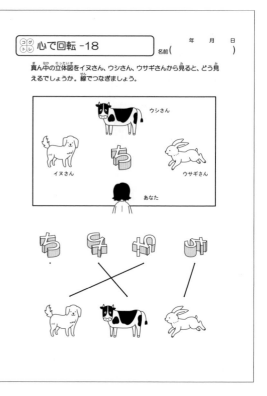

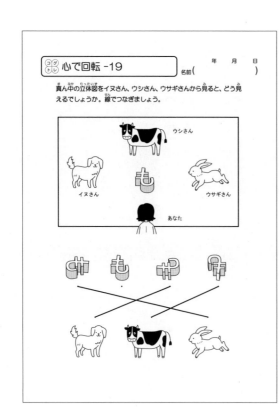

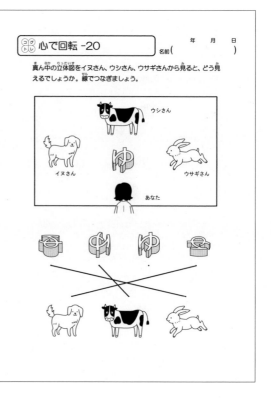

順位決定戦

1　A：　3　　2　　1
　　B：　2　　3　　1
2　A：　2　　3　　1
　　B：　3　　1　　1
3　A：　1　　2　　3
　　B：　2　　1　　3
4　A：　1　　2　　3
　　B：　3　　2　　1
5　A：　1　　3　　2
　　B：　3　　1　　2
6　A：　3　　1　　2
　　B：　2　　3　　1
7　A：　2　　4　　1　　3
　　B：　3　　2　　4　　1
8　A：　4　　2　　3　　1
　　B：　1　　3　　4　　2
9　A：　4　　2　　1　　3
　　B：　4　　2　　1　　3
10　A：　2　　1　　3　　4
　　B：　4　　2　　3　　1
11　A：　3　　2　　1　　4
　　B：　4　　2　　3　　1
12　A：　4　　2　　1　　3
　　B：　3　　1　　2　　4
13　A：　4　　2　　3　　1
　　B：　1　　4　　3　　2
14　A：　3　　2　　4　　1
　　B：　1　　4　　3　　2
15　A：　3　　4　　2　　1
　　B：　2　　4　　3　　1
16　A：　2　　3　　4　　1
　　B：　2　　3　　1　　4

17　A：　3　　1　　4　　2
　　B：　3　　1　　2　　4
18　A：　1　　3　　4　　2
　　B：　1　　4　　3　　2
19　A：　1　　2　　3　　4
　　B：　4　　3　　2　　1
20　A：　2　　4　　1　　3
　　B：　1　　3　　4　　2

物語つくり

1　② ① ③
2　① ③ ②
3　③ ① ②
4　③ ② ①
5　② ③ ①
6　③ ① ②
7　① ③ ②
8　④ ① ② ③
9　③ ① ② ④
10　③ ① ④ ②
11　④ ① ③ ②
12　③ ① ④ ②
13　② ③ ① ④
14　③ ② ⑤ ① ④
15　② ④ ① ③ ⑤
16　① ⑤ ③ ④ ②
17　① ③ ⑤ ④ ②
18　⑤ ③ ① ② ④
19　② ③ ⑤ ① ④
20　③ ② ① ④ ⑤

編著

宮口幸治（みやぐち こうじ）

立命館大学総合心理学部・大学院人間科学研究科教授。日本 COG-TR 学会代表理事。医学博士。子どものこころ専門医。日本精神神経学会専門医。臨床心理士。公認心理師。

京都大学工学部卒業、建設コンサルタント会社勤務の後、神戸大学医学部医学科卒業。神戸大学医学部附属病院精神神経科、大阪府立精神医療センターなどに勤務の後、法務省宮川医療少年院、交野女子学院医務課長を経て、2016 年より現職。児童精神科医として、困っている子どもたちの支援を教育・医療・心理・福祉の観点で行う「日本 COG-TR 学会」を主宰し、全国で研修を行っている。

主な著書に『ケーキの切れない非行少年たち』『どうしても頑張れない人たち』（新潮社）、『不器用な子どもたちへの認知作業トレーニング』『コグトレ みる・きく・想像するための認知機能強化トレーニング』『やさしいコグトレ 認知機能強化トレーニング』『社会面のコグトレ 認知ソーシャルトレーニング』（以上、三輪書店）、『1 日 5 分！教室で使えるコグトレ』『もっとコグトレ さがし算 60』『1 日 5 分！教室で使える漢字コグトレ（小学 1〜6 年生）』『学校でできる！性の問題行動へのケア』『グループワーク型 ケース検討会ハンドブック』（以上、東洋館出版社）、『医者が考案したコグトレ・パズル』『境界知能の子どもたち』（SB クリエイティブ）、『マンガコグトレ入門』（小学館）、『境界知能とグレーゾーンの子どもたち』（扶桑社）、『「立方体が描けない子」の学力を伸ばす』（PHP 研究所）、『素顔をあえて見せない日本人』（ビジネス社）など。

著

髙村希帆（たかむら きほ）

立命館大学大学院人間科学研究科。某市発達相談員。臨床心理士。公認心理師。

学校等教育現場で集団コグトレの効果的施行について研究を続ける傍ら、全国でコグトレの講演会も精力的に行っている。

主な著書に『ひらがなコグトレ（共著）』（東洋館出版社）、『コグトレ実践集（編著）』（三輪書店）など。

執筆協力

川井瑞穂（かわい みずほ）	立命館大学大学院人間科学研究科臨床心理学領域修了	
小山真由（こやま まゆ）	立命館大学大学院人間科学研究科臨床心理学領域修了	
佃 美咲（つくだ みさき）	立命館大学大学院人間科学研究科臨床心理学領域修了	
鶴岡月菜（つるおか つきな）	立命館大学大学院人間科学研究科臨床心理学領域修了	

すこしやさしいコグトレ
できないことができるようになる認知機能強化トレーニング

発　行	2023 年 11 月 20 日　第 1 版第 1 刷Ⓒ
編著者	宮口幸治
著　者	髙村希帆
発行者	青山　智
発行所	株式会社 三輪書店
	〒113-0033　東京都文京区本郷 6-17-9　本郷綱ビル
	☎ 03-3816-7796　FAX 03-3816-7756
	http://www.miwapubl.com
表紙デザイン	熊谷有紗（オセロ）
表紙イラスト	浦野結衣菜
本文イラスト	松永えりか（フェニックス）
印刷所	三報社印刷 株式会社